Gerhard Schlenker

Reden zum Ende

Gerhard Schlenker

Reden zum Ende

Eine Biographie des Sterbens

Fromm Verlag

Impressum / Imprint
Bibliografische Information der Deutschen Nationalbibliothek: Die Deutsche Nationalbibliothek verzeichnet diese Publikation in der Deutschen Nationalbibliografie; detaillierte bibliografische Daten sind im Internet über http://dnb.d-nb.de abrufbar.

Bibliographic information published by the Deutsche Nationalbibliothek: The Deutsche Nationalbibliothek lists this publication in the Deutsche Nationalbibliografie; detailed bibliographic data are available in the Internet at http://dnb.d-nb.de.

Coverbild / Cover image: www.ingimage.com

Verlag / Publisher:
Fromm Verlag
ist ein Imprint der / is a trademark of
AV Akademikerverlag GmbH & Co. KG
Heinrich-Böcking-Str. 6-8, 66121 Saarbrücken, Deutschland / Germany
Email: info@frommverlag.de

Herstellung: siehe letzte Seite /
Printed at: see last page
ISBN: 978-3-8416-0344-9

gewidmet meiner lieben Frau Petra

Inhalt

Vorwort 5

I. Übers Reden 9

II. Übers Ende 44

III. Was bedeutet „zum“? 73

IV. Frage nach den „letzten Dingen“ oder über Eschatologie und Eschatolalie 97

Vorwort

Das Ende des Lebens mit den vielen ungelösten Fragen zu bedenken und darüber zu reden, wurde mir zu einem wichtigen Anliegen. Und weil nicht nur das Nachdenken sondern gerade auch das Reden darüber von Bedeutung ist, begann ich zu schreiben, ein Nachsinnen und Formulieren von Eindrücken, Erfahrungen, Erlebtem und Erlittenem, über existentiell Wichtiges, über medizinische Erkenntnisse, über Betroffenheiten und positive Hoffnungen. Es ist dieses zu Worten Gefügte keine wissenschaftliche Abhandlung und keine Auseinandersetzung mit der über viele angesprochene Themen sicherlich vorliegenden Literatur, nein es ist eine recht persönliche Empirie, Erfahrenes aus dem ärztlichen Beruf, Erkenntnisse der medizinischen Wissenschaft, Erlebtes als Patient, sehr subjektiv in Erfahrung und Wertung. Gerade die Erfahrung beim Reden oder Schreiben und das Verhalten von sterbenden Menschen haben mich tief beeindruckt.

Der Mensch in dieser Situation sieht sein Ende vor sich. Sein Leben im Verlauf und Vollzug war und ist gekennzeichnet durch das menschliche Grundphänomen „Reden“. Dies kann sicherlich nicht bedeuten, dass Leben gleichbedeutend ist mit Reden. Dennoch hat das Reden eine wichtige Bedeutung im Leben, insbesondere in der Gestaltung des sozialen Lebens. Mit dem Leben schwindet auch das

Reden. Oder kann der Betroffene vielleicht durch das Reden in der letzten Möglichkeit ihm Bedeutungsvolles, Wichtiges seiner Nachwelt hinterlassen, gleichsam ein Erbe im letzten Reden? Entsteht im letzten Reden eine Brücke zwischen „Nachher“ und „Vorher“? Was reden die Menschen und wie reden sie in der letzten Grenzsituation ihres Lebens. Vergleiche ich diese letzte Situation mit einem engen Tor, so kann ich das Reden beim anstehenden Durchschreiten dieses Tores als etwas Besonderes, Bedeutendes, Einmaliges ansehen. Weil das Reden am Ende mir bedeutungsvoll erscheint, das Reden aber im Laufe des täglichen Lebens diesem eine Struktur gibt, deshalb sei in einem ersten Abschnitt allgemein etwas gesagt zur Sprache und zum Reden. Ganz dem Leben in seinen vielseitigen Situationen zugewandt, wird gefragt nach der Lebendigkeit des Redens, nach der Biographie des Redenden. Die Biographie umfasst aber jetzt auch das nahe Endgültige, das Ende, weshalb im zweiten Abschnitt dieses Ende aus biologischer und medizinischer Sicht untersucht wird. Daher stellt sich auch die Frage, inwiefern dem aufziehenden Ende entgegengetreten werden kann. Hat der Mensch dabei Erfolgsaussichten, zu mindestens Erfolgsaussichten auf Zeit. Im dritten Abschnitt geht es um das „Zum“, der Verdichtung der vielen Fragen im betroffenen Menschen.

Was sagt der Mensch und wie verhält er sich? Es ist dies die bedrängende Situation des unausweichlich Betroffenen. Vieles, was bisher im Leben wichtig war, fällt ab ins Bedeutungslose. Und schließlich im vierten Abschnitt etwas zur Lösung der „letzten Dinge“, also über Eschatologie und auch über Eschatolalie, eine hier erfolgte interessante Wortneuschöpfung.

Doch sei jetzt im ersten Abschnitt Allgemeines zur Sprache und zum Reden dargestellt.

Im Juni 2012 Gerhard Schlenker

I. Übers Reden

Rede und Sprache gehören zum Sein des Menschen. Ohne Reden, also stumm zu leben, würde menschliches Leben reduzieren, auf eine verhängnisvolle Weise reduzieren zu einem biologisch-funktionalen Organismus. Der Mensch aber ist mehr als biologisches Funktionieren. Um aus diesem funktionalen biologischen Zustand hinauszuwachsen, hat er die Fähigkeit des Redens. Durch Reden setzt er sich in Beziehung, er wird zum Beziehungswesen. Würde er als einzige Beziehung, als ersten und letzten und endgültigen Beziehungspunkt, nur sich selbst haben, dann wäre er wahrlich armselig, geschrumpft auf sich, verarmt in sich, bedroht durch sich selbst. Denn die Beziehung, das „Sich-ins-Verhältnis Setzen" zum anderen, hebt ihn heraus aus der Einschränkung des nur Selbstseins. Beziehung ist also eine elementare Kraft des geistigen Erhebens, ist eine Art Band, das Menschen, Familien, Gesellschaft und Staat zusammenhält. In diesen Beziehungsgeflechten also, einem Wesensmerkmal des Menschseins, steht im Mittelpunkt der Mensch. Ihm und seinem Wohl, ja dem Wohl aller Menschen, müssen Beziehungen dienen, damit sie nicht inhaltlich flach und gefährdet werden. Der Mensch in der Erfüllung von Lebenszielen und Lebensinhalten ist erst dann ganz, wenn er sich dieser Erkenntnis stellt und auch unablässig daran arbeitet. Manche Menschen haben dabei Erstaunliches erreicht, manche Menschen halten diese Erkenntnis für eher zweitrangig und untergeordnet. Die Fähigkeit, auf dem Weg der Gestaltung von Beziehungen voranzukommen, ist jedem Menschen offen. Wir sollten diese menschlichen Beziehungen pflegen und üben, so dass sie zu unserem Wesen, zu unserer Eigenschaft werden. Dann würden sie schließlich auch in unseren Genen festgelegt und weitergegeben werden können. Damit könnten wir verändern, gestalten und uns zu neuen Eigenschaften entwickeln. Falsch und schicksalhaft wäre es allemal, gäben wir uns zufrieden mit dem einmal Erreichten. Zufriedenheit mit dem „status quo“ neigt zum Stillstand, zur Degeneration, zum Abschwung. Es soll und muss also weitergehen, auch unsere genetische Entwicklung wartet darauf. Es geht weiter, und zwar mit Kraft und mit mentalem Schwung oder einem „inneren Ruck“. Menschsein ist also Beziehungsmenschlichkeit und diese ist Grundlage und Grundbedürftigkeit des Seins. Dieses Beziehungsverhältnis betrifft einmal andere Menschen, zum anderen aber auch mich selbst. Es bedarf auch einer Beziehung zu mir selbst, meinen Gefühlen, meinen Ängsten, meinen Sorgen, auch meinen Freuden, meiner Arbeit, meinen Plänen und Zielen. Hingabe an Beziehungsverhältnisse ist nötig, sie geben einer Entwicklung neue Möglichkeiten.

Zu dieser notwendigen Beziehungsarbeit sind wir beständig aufgerufen, sie ist die vis vitalis (= Lebenskraft) unseres Lebens. Wir haben für diesen Arbeitsprozess zur Schaffung einer Beziehung auch

Fähigkeiten bekommen. Gehen wir damit sorgsam um, pflegen wir sie, gleichsam als Werkzeuge unseres Lebens und unseres Seins. Reden ist so ein Werkzeug zum Leben, nicht stumm sein. Die Grundlage des Lebens und seiner Äußerung durch Reden ist die Sprache, sind die Sprachen. Sprache ist der Grundstein für Kommunikation und Wissensvermittlung. Dabei wollen wir Sprachen nicht werten, gar als minderwertig oder hochwertig bezeichnen. Dann würden wir gerne auf der Seite des Hochwertigen stehen wollen, vergäßen dabei aber, wie schnell auch hier Entwicklungswandlungen eintreten können von „minderwertig" zu „hochwertig" und von „hochwertig" zu „minderwertig". Wertungen sind also hier überflüssig. Dennoch dürfen wir im Entwicklungsgeschehen unserer Sprachen einige Linien ziehen.

Eine besondere Bedeutung in der Entwicklung der Sprachen kommt dem Altgriechischen zu. Der Philosoph Schleiermacher nannte die griechische Sprache „das schönste Gefäß menschlicher Gedanken", ist sie doch von allen Sprachen der Welt wissenschaftlich auf höchster Ebene ergründet und erklärt. Dieses Altgriechische zählt zu den indogermanischen Sprachen, welche man wieder unterteilt in mehr westliche Sprachgruppierungen mit dem Prototyp des Altgriechischen und den mehr östlichen Sprachgruppierungen mit dem Prototyp der indischen Sprachen. Beide Gruppen, die westliche und die östliche, unterscheiden sich wesentlich durch die Lautgebung. So gibt es durchaus Verwandtschaft zwischen dem Altgriechischen und dem Italienischen, aber auch zwischen dem Indischen und dem Griechischen.

In der Geschichte der Sprachen ist auch eine gewisse Ordnung erkennbar. Das hat durchaus Bedeutung, geht es dabei doch um die Erkenntnis der bisherigen Sprachentwicklung. So schrieb schon der Humanist und Rechtsgelehrte, einer der ersten Professoren der 1477 gegründeten Universität Tübingen, Johannes Reuchlin (1455-1522), an seinen Freund, den Ulmer Arzt Johannes Stocker: „Wir Lateiner trinken Wasser aus dem Sumpf, die Griechen aus den Bächen, die Juden aus den Quellen.“ Reuchlin war es ein Anliegen, auf das Hebräische hinzuweisen; er bezeichnete diese Sprache als die „Offenbarungssprache Gottes“, und dass man deshalb „der Juden Bücher nit soll verbrennen“. Eine solche Verbrennung nämlich hatten die Kölner Dominikaner gefordert. Kaiser Maximilian stand dieser Forderung kritisch gegenüber und befragte dazu Johannes Reuchlin. – Sprache also, sie darf und kann nie verbannt oder verbrannt werden. Wer es versucht, verliert von vornherein, demontiert und verbrennt sich im Grunde selbst. So mächtig also ist sie, die Sprache, das Reden.

Wir nützen also unsere Sprache: sie ist Wesensmerkmal unseres Seins, zeigt geistige Entwicklungen, Kulturen in Blüte und Niedergang an. Ob uns bewusst ist, welch elementarer Schatz des

Menschseins uns mit der Sprache anvertraut ist? Wie gehen wir mit dieser Sprache um? Wie pflegen wir sie? Wie vernachlässigen wir sie? Ja, wie oft zerstörerisch behandeln wir sie, unsere Sprache! Sicherlich bietet sie uns auch heute noch verschiedene Entwicklungen an: zum einen als *Hochsprache*, zum anderen als *Dialekt*. Gerade Dialekte vermögen es, Unmittelbarkeit, Innerlichkeit, Spontaneität, Direktheit oder Distanziertheit ganz besonders und spontan zur Geltung zu bringen und zu vermitteln. Kurze, knappe Worte und Sätze im Dialekt bringen das geistige Problem und auch unklare, praktische Abläufe schnell „auf den Punkt". Es ist richtig, wer es kann und wer es will, einen Dialekt zu pflegen. Daneben steht verbindlich die Hochsprache, seit Jahrhunderten entwickelt und sich beständig erneuernd. Diese Hochsprache zu beherrschen und weiter zu entwickeln, ist eine reizende und lohnende Arbeit. Das gilt auch für die mit der Sprache in Verbindung stehende Schrift und deren Regeln. Rechtschreibreformen sind hier Zeichen einer Entwicklung.

Innerhalb dieser Sprachentwicklungen gibt es Sprachrealitäten, abhängig von den gesellschaftlichen, familiären, politischen, kulturellen, kirchlichen und gesellschaftlichen Verhältnissen, in denen gesprochen wird. Die Sprache wird sich solchen Realitäten anpassen. Es würde eine seltsame Atmosphäre schaffen, würde bei einem fröhlichen Zusammensein gesprochen wie bei einer Predigt in der Kirche, einer Gerichtsverhandlung oder einem wissenschaftlichen

Vortrag. Die Sprachschienen also, sie sind verschieden, dennoch ist anzustreben, dass möglichst viele Geleise der Sprache befahren werden können, je mehr, desto klarer kann der Inhalt vermittelt werden und zur Wirkung gelangen. Welch geistiger Reichtum ist hier entstanden in Geschichte und Gegenwart, in der Literatur, der Geschichtsschreibung, der Weitergabe von Erkenntnissen. Die hinter den verschiedenen Möglichkeiten des Ausdrucks im Geistigen stehenden biologischen Abläufe, die neurophysiologischen Vorgänge des Denkens und Ausdrückens in den neuralen Netzwerken des Gehirns sollen hier nicht untersucht werden. Dass Gedanken und Denken ausschließlich biochemische Reaktionen auf zellulärer, molekularer Ebene sind, darf bezweifelt werden, sind doch Gestaltungsvielfalten und Erkenntnismöglichkeiten festzustellen, die über die reinen Kausalitäten hinaus an das denken lassen, was „dahinter“ stehen mag, also an die „vis vitalis“.

Über Reden und Schweigen

Die Form und der Inhalt des Redens ist schillernd, bunt, vielseitig, beruhigend, erregend, belehrend, erbaulich oder destruktiv. Auf der einen Seite die *Vielzahl* der Sprachformen und Sprachgestaltungen, auf der anderen Seite eventuell das *Schweigen*. Kann Schweigen eine Form des Redens sein? Ist Schweigen nicht genau das Gegenteil des

Redens, das Nichtreden schlechthin, oder könnte hinter dem Schweigen nicht vielleicht eine Form des besonderen Redens stehen? Wenn ich nicht mehr reden kann, bedeutet dieses Schweigen das Nichts? Nicht mehr reden können oder wollen, dieses vieldeutige Schweigen, kann zwar einerseits Dumpfheit bedeuten, muss es aber nicht zwangsläufig, kann vielmehr ein Schrei nach Worten sein, die verloren gegangen sind und nicht mehr gefunden werden. Schweigen ist also auf keinen Fall gleichzusetzen mit Nicht-Reden-Wollen oder Nicht-Reden-Können. Nun, die Arten und Formen des Redens bis hin zum Schweigen sind vielfältig. Deshalb soll im Folgenden das Reden in den verschiedenen menschlichen und sozialen Umgebungen und Bezügen beleuchtet werden.

Über das Reden beim Lernen in der Schule

Die Arbeit in der Schule ist u.a. von der Absicht getragen, Wissen zu vermitteln und zu entdecken, Bewährtes zu verinnerlichen, den Kreis des Wissens zu erweitern. Denn die Schüler, auch die Kleinsten, bringen es schon mit: eine geistige Prägung, oft nicht erkennbar, aber dennoch da. Diese Grundlage des Lernens als eines Dazulernens, aber auch das Entdecken des schon Vorhandenen, jener geistigen Grundausstattung eines jeden Menschen, soll ja zu einer Synthese des Lernens und der Entwicklung des Geistes führen, die in der Pädagogik gesehen, gelehrt und gepflegt wird. Das Wort Pädagogik kommt aus dem Griechischen und heißt dort „pais ago", ich führe, leite, begleite das Kind und nehme es in meine Obhut. Ob und in welchem Maße dazu auch Disziplin gehört, mag umstritten sein, Disziplinierung ist bei diesem Reden und Lehren nicht vereinbar mit jenem „pais ago". Hier also, in der Schule, ist der Pädagoge, der Lehrer, eigentlich der Fährmann, im Griechischen der Kybernet, der führt, Klippen umschifft, Gefahren kennt und vermeidet und für eine möglichst ruhige Fahrt zum Wissen, zur Freiheit der Lebensgestaltungen, aber auch für Maßhalten, für Recht und Gerechtigkeit sorgt. Dieses Reden im Lernen könnte für den Schüler zu einer begeisterungslosen Angelegenheit werden. Leider ist das häufig der Fall. Es fehlt auf diesem Weg noch eine wesentliche Atmosphäre, ohne die das gesamte Bemühen allzu zäh und die geistige Luft zu dünn wird. Die Redensatmosphäre sollte geprägt sein von Freude: sie ist die Luft des geistigen Atmens und sie sollte für den Schüler spürbar werden. Die Schüler würden dann, bei allen möglichen Ablenkungen und Verführungen, die um sie herum lauern, erleben, dass sie diese Freude zum Leben gewinnen und es wäre gleichsam ein Drang vorhanden zum Reden und Lernen. Schon in der Schule würde bei dieser Ausrichtung des Redens erspürt und damit erfahren, dass sich etwas bewegt, Bewegung im Lernen zum Leben, seinem Vollzug und seinen Zielen. Leben ist Bewegung, Bewegung nicht nur körperlicher Art durch Sport und Gymnastik, Bewegung eben auch durch Schärfung und Übung geistiger Prozesse des Lebens, vermittelt durch das Reden. Dazu mag an alte pädagogische Zielsetzungen erinnert sein: Lernen und Reden durch *“docere“*, Lehren, pädagogische Führung und Ergründen von Inhalten und Fähigkeiten, durch *„movere“*, das dadurch bedingte Bewegen, nicht nur seiner selbst, sondern auch der Umgebung und schließlich durch *„delectare“*, der wichtige lebendig machende Zündfunke der Freude und der Lust am Lernen und Reden.

Über das Reden bei der Arbeit

Reden bei der Arbeit ist vielschichtig je nach Art der Arbeit, nach deren Form und Inhalt verschieden, sei es bei der Arbeit auf der Baustelle oder der Arbeit im Gerichtssaal bei der Rechtsfindung.

Damit soll nicht die Arbeit an sich gewertet werden, höherwertig, weil eventuell durch Reden und Abwägen erfüllbar, oder niedrigwertig, weil einseitig, eintönig, gleichbleibend und im mechanisch-manuellen Ablauf zu erledigen. Viele Arbeitsabläufe führen, nach einem bewährten Standard durchgeführt, am schnellsten zum Ziel. Bei solchem Tun könnte Reden eher hinderlich sein, weil es das Ziel (= den Erfolg) verbauen kann, wie z.B. bei einer Akkordtätigkeit. Im medizinischen Bereich wäre es für einen schwerverletzen Patienten schädlich, würden über das operative Vorgehen lange Diskussionen und Konferenzen stattfinden. Eine schnelle, auf Wissen und Erfahrung beruhende Entscheidung unter Verantwortung für das Erhalten des Lebens kann hier entscheidend sein. Sicherlich gilt auch in solchen Situationen das Prinzip des Redens und Abwägens, aber in begrenzter Zeit. Diese zeitliche Beschränkung ist zwingend, weil die Herstellung verloren gegangener biologischer Formen und Funktionen an Zeiten gebunden sind. Zeit zum Reden kann also begrenzt sein. Das Reden während der Arbeit in Fertigung und Technik kann sich in Informationen und Anleitungen zum Arbeitsablauf sinnvoll gestalten und daher notwendig sein zur Erreichung des Arbeitszieles. Aber auch das Reden miteinander im sozialen Austausch darf nicht ausgeschlossen sein zugunsten eines alleinigen Fertigungszieles. Dieses Ziel hat zwar Vorrang, zum Erreichen ist aber immer auch soziale Mitteilung nötig. Der Inhalt eines solchen Redens kann sehr verschieden sein, wird sich aber meistens aus der Lebens- und

Erfahrungswelt des Einzelnen ergeben. Dieses gemeinsame Reden wird sich auch fortsetzen in den Ruhepausen. Reden ist damit ein wichtiger Teil der Arbeitsatmosphäre, je nachdem, wie sich die Menschen in diesem Kreis verstanden, angenommen und wertgeschätzt fühlen.

Ein solches Reden bei der Arbeit kann auch ein Arbeiten durch Reden sein, denken wir nur an die Vermittlung von Kenntnissen, das Ordnen und Entdecken von Wissen und dessen Weiterentwicklung durch Reden. Reden also auch hier als Substrat für Erkenntnis und Entwicklung, denn sie braucht das abwägende, verbindende, Geist vermittelnde Wort, also das Reden. Zum Leben gehört das Reden.

Über das Reden in Forschung und Lehre

Ohne die Verquickung von Rede und Forschung ist ein sinnvoller Fortschritt zum Wohle der Gemeinschaft nicht denkbar. Forschungen und Fortentwicklungen in Technik, Wirtschaft, Medizin, Philosophie, Theologie und Recht sind auf das vermittelnde Wort, auf Argumente, auf Rede und Antwort als einem geistigen Nährboden angewiesen. Forschung besteht in einer geistigen Bewegung zu einem neuen Ziel, zu einem bisher Unbekannten oder Unklaren, welches Aufgaben stellt, deren Lösung zunächst um ihretwillen Befriedigung und Freude vermitteln, deren Lösung aber auch allen Menschen zugutekommen mag. Diese Lösungen sollten lebensdienlich sein, sei es im Phänomen einer neuen Erkenntnis, einer bisher unbekannten Kausalität, einer Ermittlung von Lebensabläufen, einer Enthüllung von bisherigen Geheimnissen oder im Gewinn an Lebensmut und Lebensfreude. Diese ursprüngliche Freude an Erkenntnis und am neuen Finden ist auch ein wesentliches Element einer akademischen Bildung. Hier steht nicht im Vordergrund oder am Anfang der Blick auf ein zu erreichendes Ziel, vielmehr die Freude, auf einem Weg des Findens und Erkennens zu sein. Werden nicht bisweilen geistige Quellen verschüttet, weil sie vom „Zielgedanken", vom möglichst schnellen Erreichen eines aufgesteckten Erfolges, dominiert werden? Sicherlich muss der Mensch in seiner geistigen Entwicklung einen Zielentwurf haben. Ihn allerdings ausschließlich als Motor zu bedienen und mit inneren Zwängen darauf loszugehen, lässt die geistige Weite eingeengt sein. Auf dem Weg zum gesteckten Ziel liegen noch manche Abbiegungen, Umwege und Andersartigkeiten. Diese zu gehen und zu entdecken, mag Überraschungen bringen und damit Unerkanntes entdecken lassen. Entdecktes und bisher Unerkanntes weiterzugeben, anderen zu vermitteln, sie teilnehmen zu lassen, ist dabei von Bedeutung. Und dazu eben bedarf es der Rede. Ergebnisse der Forschung ohne ihre Weitergabe an andere blieben Geheimnisse ohne Wert. In manchen Fällen kann die Mitteilung über Erkenntnisse und Möglichkeiten auch eine Grenze erreichen, die schwerwiegende, kaum lösbare Fragestellungen mit sich führen, die zu ethischen und religiös-fundamentalen Fragen werden mit bisweilen nicht eindeutig sicheren und klaren Antworten. Diese entgrenzten Möglichkeiten, darf ich sie nutzen? Oder anders ausgedrückt: ist das, was ich kann, auch machbar, gibt allein die wissenschaftlich-technische Möglichkeit das Recht, diese auch zu nutzen? Als Beispiel sei auf die Stammzellenforschung verwiesen, insbesondere die Gewinnung embryonaler Stammzellen mit ihrer einmaligen Omnipotenz. Schnell stellt sich dabei die Frage: ab wann ist der Mensch ein Mensch, eine schwierige biologische und noch schwierigere gesellschaftlich-juristische Frage. Hier ist wieder das Gewissen gefragt, das Gewissen eines jeden einzelnen und damit die Grundlage seines Lebens als geistiges, ethisches, religiöses oder als kausales-materielles Prinzip. Dennoch mag gelten, dass der Bezug zum Nächsten und die Entwicklung von Gerechtigkeit und Würde des Menschen auch Ziele sind in Lehre und Forschung.

Über das Reden im Alltag

Das Reden im Alltag, das Mitteilen von nur dem Einzelnen Wichtigem, die Bemerkung über Gelesenes und Gehörtes, über Erlebtes und Erfahrenes gehört zum Austausch des menschlichen Miteinanders. Wie traurig und armselig wäre das Leben, wäre uns das

Reden über Alltägliches, vermeintlich Unwichtiges, über Ereignisse des Gewöhnlichen verwehrt. Alltägliche Geschichten und Verhaltensweisen von Menschen machen doch einen wesentlichen Teil unserer gelebten Realität aus. Wie verhält sich dieser oder jener in seinem Alltag, wie stellt er sich dar, wie baut er sich auf, welche Beachtung erwartet er dadurch von den anderen, die vielleicht ganz ähnlich sind wie er selbst? Ja, die Darstellung des Menschen in seinem Alltag macht ein Wesentliches unseres sozialen Miteinanders aus. Ausschließlich in diesem Alltäglichen zu bleiben, birgt aber die Gefahr der geistigen Flachheit der Rede. In der durchaus berechtigten Alltagsrede sollte daher immer wieder auch ein Licht aufleuchten, das Licht einer darüber hinausgehenden Erkenntnis, also ein Reden mit dem Bemühen um Erkenntnis und Verständnis und auch um Barmherzigkeit. Gerade aus den Alltagsreden können sich tiefere Welten von Denken und Reden entwickeln. Man kommt dann zum Wesentlichen. Was in der Rede aber wesentlich ist, hängt wiederum von den Gesprächspartnern ab, von dem, was sie wollen und von dem, was sie können. Am grundsätzlichen Können möchte ich nicht zweifeln, am grundsätzlichen Wollen schon. Will der Mensch das ihm gegebene Können einsetzen, weiterentwickeln, weitergeben? Dazu bedarf es einer schon früh einsetzenden Erziehung, einer Erziehung zur Gemeinschaft, welche das praktische und geistige Leben umfasst. Also ist es wichtig, das Können sehr frühzeitig zu fördern. Das Fördern des Wollens früh im Leben hat Bedeutung bei Kleinkindern und Kindern. Dieses Fördern bahnt das Können, beseitigt Verschüttungen und lässt auch soziale Verantwortung und den Willen zum Reden, zum Mitteilen, entstehen. Die Sozialisation des Menschen wird dadurch gefördert. Staat und Gesellschaft sollten die ungeheuren Chancen der Entwicklung gerade in diesen Lebensjahren erkennen und die notwendigen Förderungen für alle gewähren, unabhängig von gesellschaftlichem Stand und Einkommensverhältnissen. Die spätere Entwicklung dieser kleinen Menschen verläuft besser und problemloser und die Frage nach den Kosten einer solchen Betreuung erledigt sich. Hier mag der Vergleich vom Säen und Ernten erlaubt sein. Eine gute Saat wird bei einem entsprechenden Einsatz und bei Mühe um den Menschen aufgehen. Dies schlägt sich auch in der Sprachentwicklung nieder. Die häufig aus Wortfetzen, stakkatoartig herausgepresst, bestehende Sprache mancher Jugendlicher wird dann sicherlich seltener zu hören sein. Reden also ist zu einer wichtigen Bildungsaufgabe geworden. Anzumerken, dass eine Förderung nutzlos sei, ist kurzsichtig und falsch.

Über das Reden in der Politik

Ein wichtiger Bereich des Redens ist das Reden in der Politik. Politisch gute Reden sind von hoher Qualität, von Bedeutung für alle. So wünschenswert sie sind, so selten sind sie. Woran mag das liegen?

Wahrscheinlich an der „Politik" an sich, aber auch an den Menschen, die Politik betreiben. Zunächst also zur Politik: es geht in ihr um das Gemeinwesen, die Gesamtheit der menschlichen Gemeinschaft in ihren kleinen und großen Einheiten bis hin zum Gesamtstaat und der Völkergemeinschaft. Und es ist schwierig bis zum Teil unmöglich, hierbei Verbindliches, Allgemeingültiges und Anerkanntes, von allen dann auch Beachtetes und Akzeptiertes festzulegen. Politik und politische Entscheidungen werden zum schwierigen Balanceakt, sie sind nicht einfach und häufig nicht unbedingt schnell und richtig zu fällen. Politik hat auch etwas zu tun mit dem aktuell Möglichen, sie hat den Nadir (Fußpunkt) im Leben, im menschlichen Handeln und den realen Möglichkeiten, also an Grundvoraussetzungen, die zu beachten sind. Politik jenseits dieser realen Möglichkeiten neigt zur Phantasie und eine Politik, die das nicht beachtet, führt zum Vertrauensverlust. Denn sowohl die politische Rede als auch die politischen Entscheidungen und die folgenden Taten müssen getragen sein vom Vertrauen der Menschen. Ein Vertrauensverhältnis zwischen Politiker als Mandatsträger und Bürgern als den Mandanten sollte daher in der politischen Rede beachtet werden. Diejenigen, die politische Reden halten, nämlich vorwiegend die Politiker, sollten in unserem Rechtsstaat auf diese wesentliche Grundlage des politischen Redens, nämlich das Vertrauen, achten. Gelingt es aber den Politikern unserer Tage, diese Grundlage ausreichend zu beachten? In der Politik auf Bundesebene oder auf Landesebene können wir bei den Politikern ein merkwürdiges Phänomen wahrnehmen. Vielfach und zu allen Themen werden diese „interviewt", ebenso oft unfair und tendenziös befragt mit der heimlichen Freude der Interviewer, sie hereinzulegen oder bloßzustellen. Man kann die Tendenz allabendlich im Fernsehen serviert bekommen. Oft aber ist eine politische Rede von einer wenig fundierten Spontaneität und nur scheinbarer geistiger Überzeugungskraft. Wie oft hören wir Ausführungen mit vielen gewählten Worten und geschachtelten Sätzen, von langer Dauer und unklarem Inhalt, um danach festzustellen, dass der geistig-informative Inhalt dieser Rede gegen Null tendiert. Doch würde ein Politiker von heute eine Todsünde begehen, wenn er nur andeutete, eine Frage einmal eventuell hier und jetzt nicht beantworten zu können. Und so geschieht es, dass politische Vertreter eines Fachbereichs über schwierige Sachgebiete und Fragen reden, häufig ohne über das entsprechende Wissen zu verfügen oder das entsprechende Problembewusstsein zu haben. Deshalb ist der Erfolg oft fraglich. Denn Politik wird von politischen Mehrheiten vertreten und nicht immer von Experten, Wissenden oder Weisen.

Wer ist denn nun am meisten zu einer politischen Rede befähigt? Im Altertum und den ersten politisch funktionierenden sozialen Einheiten, denken wir an Athen oder an Rom des Altertums, waren Politiker weise Männer, dazu auch alte Männer. Sie hießen in Rom Senatoren (=Kreis alter Männer) und ihre politischen Aktivitäten, ihre

Ratschläge, ihre allgemeine Wertschätzung und Anerkennung führte zum Vertrauen der Menschen allgemein und zu einer geschichtlich nachweisbaren guten Politik und einem blühenden Staatswesen. Warum entstanden in der Geschichte solche meist leider nur kurz dauernde und allgemein anerkannte Staaten? Was war das Geheimnis ihres Erfolges? Möglicherweise, weil diese Männer nicht nur als weise bezeichnet wurden, sondern vielmehr auch weise waren. Könnten wir uns an ihnen in allen unseren politischen Facetten ein Beispiel nehmen? Was machte das Wesen dieser weisen Männer aus? Was ist das Wesen eines weisen Menschen von heute in seiner politischen Rede? Weisheit zeichnet sich aus durch einen wesentlichen Bezug oder eine Beziehung zu den Erkenntnissen und den daraus resultierenden Taten und Entscheidungen derer, die vor uns waren, zeichnet sich aber insbesondere aus durch den Bezug zu einer anderen, höheren Ebene. Die andere, höhere Ebene mag man Transzendenz nennen, worüber noch zu sprechen wäre. Was aber den Bezug wichtig macht für die Weisheit ist die Relativität der politischen Rede. Sie weiß um ihre Grundlage und ihre Ziele, beides allerdings außerhalb ihrer selbst. Es sind also die Prädikate „Relativität“ und „Relation“, die Weisheit auch in der Politik ausmachen. Diese Erkenntnis finden wir in der heutigen Politik selten bis nie. Oft meint sie, allein durch ihre Zunge mächtig zu sein und Reden sei ihre ursprüngliche Aufgabe. Und darum ist die politische Rede oft seltsam wackelig, nicht verwurzelt und nicht zielgerichtet.

Eine weitere Eigenschaft des Politikers ist das Beharren und Halten an Amt und Stellung. Freiwilliges Abtreten ist sehr selten, die eigene Wichtigkeit ist ins Unermessliche gesteigert und die Suche nach Anerkennung und Verehrung unmäßig. Leuchtendes Vorbild des Gegenteils dieses heute anzutreffenden Politikers war in Rom des Altertums der zum Diktator ernannte Lucius Quinctius Cinncinatus (519-435 v.Chr.), der vom Senat gebeten wurde, eine verfahrene politische Situation zum Guten zu führen und politischen Frieden mit Vertrauen wieder herzustellen. Auf Bitten hin eilte er von seinen Landgütern nach Rom, waltete dort als Volkstribun sehr erfolgreich und verließ nach getaner Arbeit und erreichten politischen Zielen Rom wieder, freiwillig und spontan, um seinen Landgütern vorzustehen und dort weiter zu arbeiten. Er war also nicht an sein politisches Amt gekettet, vielmehr an seine Aufgabe. War sie erledigt, durfte er gehen. In der späteren Geschichte hat man solche Politiker selten oder nicht mehr angetroffen. Politische Reden also sind abhängig vom politischen Sein, politisches Sein aber von Können, von Fähigkeiten, der Würde und der Weisheit und Beziehung zum Volk. Eine solche Haltung verleiht dem „Regieren“ auch eine Vertrauensgrundlage, ohne die es zu chaotischen Zuständen kommen kann. Können und Fähigkeiten werden heute vielfach mit „juristischer Sauberkeit“ gleichgesetzt. Wenn also politische Entscheidungen dem Rechtssystem und insbesondere unserem Grundgesetz entsprechen, dann sind sie auf jeden Fall richtig, gültig, gerecht und damit durchzusetzen.

Welch ein Irrtum: die Rechtsordnung und die sie durchsetzenden Staatsorgane sind höchstens ein moralisches Minimum, nie mehr! Das wird leider von Regierenden und Regierten häufig vergessen. Schon im römischen Recht galt der Grundsatz: *„Summum ius – summa iniuria", das größte, höchste Recht, es ist das größte und höchste Unrecht*. Was soll das bedeuten? Auch das größte und sauberste und intellektuelle Rechtsgebäude kann zusammenfallen, wenn es nicht die Grundlagen des menschlichen, gedeihlichen Miteinanders beachtet. Diese Verwurzelung sollte nicht vergessen werden. Politik baut zwar auf das Recht und seine Kraft. Dies ist sicherlich richtig, führt aber in der extremen Situation zu dem, was man Rechtspositivismus nennt, eine Erscheinung, die Recht und Gesetz als das Absolute ansieht. Weil es so im Gesetz steht, darum ist es auf jeden Fall zu befolgen! Auf jeden Fall? In dieser Absolutheit kann das Recht allein zerstörerisch wirken, in weniger wichtigen Belangen sogar grotesk. Auf heitere Art hatte diese Problematik Ludwig Thoma einmal wie folgt dargestellt. Er selbst war Jurist, hatte einen Freund, der ebenfalls Jurist war, ein sogenannter „geistiger Überflieger" mit den besten erreichbaren Noten in den Examina. Dieser sein Freund bestand in seinem Wesen eben „nur" aus gesetzlichen, juristischen Normen, deren Deutung und Interpretation. Und Ludwig Thoma sagte: „Er war Jurist und auch sonst von mäßigem Verstand." Dieser Satz klingt heiter, ist auch wohl bewusst überzogen. Aber er birgt den Funken einer Wahrheit, nämlich den, vorsichtig zu sein, wenn man politisches und zwischenmenschliches Verhalten ausschließlich an Rechtsnormen festmacht.

Politische Rede also, sie muss dem Sein des Menschen verpflichtet sein, nicht der Macht der Zunge, dem gesetzten Recht und dem Willen zur politischen Macht. Politisch große Reden sind denn auch gekennzeichnet durch Bezüge, Bezüge zur Vergangenheit und Geschichte, aber auch durch aktuelle Handlungsimpulse für die Gegenwart, schließlich durch Visionen, die einen Bezug darüber-hinaus sichern. Zu dem Problem der Visionen hatte ja ein bedeutender deutscher Politiker, selbst elitär und visionär auftretend, kurz und bündig behauptet: „Wer Visionen hat, gehört in die Psychiatrie". Dieser Satz gehört umgedreht: „Wer keine Visionen (mehr) hat, gehört in die Psychiatrie".

Politische Rede findet aber nicht nur oben, auf Bundesebene, statt, nein das gesamte Leben ist dieser „politeia" (=dem Gemeinwesen, dem Bürgerrecht) verpflichtet, in sämtlichen Instanzen bis zu den Gemeinde- und Stadträten auf kommunaler Ebene. Auch hier geht es um das Reden für die Gemeinschaft, um die Suche nach Wegen und Lösungen, nach Orientierung, kommend aus der Vergangenheit und gehend in eine offene Zukunft. Auch diese Menschen stehen im Dienste der Politik mit ihren Stärken und Schwächen, mit ihren Vorstellungen und Eitelkeiten. Aber gerade die menschlichen

Eitelkeiten, wer hat sie nicht, sollten in einem gedeckelten Maße vorhanden sein, um nicht für das Gemeinwesen störend, manchmal zerstörerisch zu wirken. Eitle Menschen sind zu sehr auf sich und ihre Darstellung gepolt, häufig mit einer weiteren fragwürdigen Eigenschaft, nämlich der des Stolzes. Bin ich stolz, ein Deutscher zu sein? Bin ich stolz auf meine Leistung, auf Besitz, Eigentum und allgemein erreichten Wohlstand? Kann ich stolz sein auf eine technische Erfindung, eine wissenschaftliche Leistung, auf meine gute Gesundheit, die ich ja stets trainiere und mit entsprechenden Diäten versorge? Stolz ist stets eine recht ambivalente Angelegenheit. Wenn im Vordergrund eine Freude an einem positiven Ereignis steht, mag die Verwendung des Wortes „Stolz“ noch angehen. Ansonsten und meistens hat Stolz keine ethisch oder gar religiöse Berechtigung, ist vielmehr mit negativen Assoziationen verbunden. Reden aus Eitelkeit und Stolz haben keinen Platz in der Politik und mit „Stolz auf etwas“ sollte man in der Politik und im persönlichen Bereich zurückhaltend sein. Und zwar deshalb, weil Stolz zu sehr das Eigene, das anscheinend Einmalige daran, nicht unbedingt das Gebotene und Erstrebenswerte in den Vordergrund rückt. Anders ausgedrückt: Stolz und Weisheit sind Gegensätze.

Über das Reden in unseren Kirchen

Eine besondere Bedeutung kommt dem Reden in unseren christlichen Kirchen zu. Liturgie (griechisch *leiturgia = Dienst)* und Predigt sind die wesentlichen Elemente des Gottesdienstes und werden in festgelegter oder freier Rede vorgenommen. Und gerade die Predigt als Rede ist eine Übersetzung der biblischen Wahrheiten in unsere Zeit. Denn biblische Wahrheiten sind keine statischen Größen sondern entwickeln sich. Und es ist für den Prediger äußerst schwer, den Kern der Wahrheit herauszuarbeiten und ihn als tragendes Element für das Leben darzustellen, während sich die umgebenden Realitäten beständig verändern und einsichtige Erklärungen verlangen. Die Ausbildung der Theologen ist daher streng und intellektuell, beginnend mit den alten Sprachen Latein, Griechisch, Hebräisch, dann den speziellen theologischen Fächern und ihre Verbindungen zur vorwiegend griechischen Philosophie. Umfassende Bildung ist also gefragt. Nach der Reformation im 16. Jahrhundert waren es fast nur die evangelischen Theologen, welche in den evangelischen Ländern (z.B. Württemberg) die Chance für eine gehobene staatliche Laufbahn hatten. Die katholischen Theologen waren sowieso seit eh und je Träger von Bildung, Wissen und Sprache, denken wir nur an den als Reaktion auf die Reformation gegründeten Jesuitenorden (Societas Jesu), eine Eliteschule von Geisteskünstlern, die meist verschiedene Studiengänge absolviert haben. Reden in Theologie und Kirche ist also eine äußerst verantwortungsvolle Arbeit zur Findung von Wahrheit, von Weisheit, von Lebenszielen, von Absolutem und Unabänderlichem in einer sich beständig neu entwerfenden Zeit und Welt. Daher ist das Reden in unseren Kirchen (Predigt und Liturgie) Schwerstarbeit nach Geist und Wort. In vielen hier genannten Redebereichen kann man oft den Erfolg des Redens sehen und erleben, das Überzeugtsein des Angeredeten und die daraus folgende Handlungsweise. Diese Wirkung des Wortes ist bei der Predigt oft nicht erkennbar, das gesprochene Wort kann langsam und im Verborgenen keimen und heranwachsen, aber, richtig gesprochen und richtig gehört und verstanden, wirkt es auf den Zuhörer. Die Unmittelbarkeit ist ihm weniger eigen. Das sollte vielleicht auch ein Trost sein für den Prediger und Priester, der, menschlich verständlich, doch gerne bald das Aufgehen der gestreuten Saat sehen würde. Doch: das Reden in der Predigt ist in seiner Wirkung zeitlos und auf ein Ziel über den einzelnen Menschen oder Zuhörer hinaus gerichtet. Es ist ein wahrhaftes Reden, das den Menschen Sinn und Ziel, Hoffnung, Beständigkeit, Ehrlichkeit, Menschenwürde und Zukunft vermittelt.

Über das Reden in Lebensgemeinschaften

Ein weiterer entscheidender Ort ist die Rede in Ehen, Partnerschaften, Familien und anderen Gemeinschaftsformen. Diese Rede geschieht oft vor begrenzter Personenzahl, so Ehepartner mit Kindern, zwischen Ehepartnern und Lebenspartnern. Das gesprochene Wort ist die tragende Säule einer solchen Gemeinschaft, nicht die geschliffene Rede, aber auch nicht der Monolog. Er würde deplatziert wirken, nein, die spontane Äußerung aus dem aktuellen Augenblick ist es, nicht gezwungen, nicht zurückhaltend, nicht geprüft und wieder überlegt, bis es zum Aussprechen kommt. Diese Lebensgemeinschaften pflegen den spontanen Dialog, nicht den intellektuellen Monolog, statt dessen als Inhalt das aus Situation und Gefühl jetzt und gerade Erlebte. Auch das ist ein wichtiges Reden! Bedauerliches und Zerstörerisches für die familiäre Struktur würde eintreten durch Nachlassen oder Aufhören dieser familiären Redekultur. Gegner unserer Redekultur sind unsere technischen Unterhaltungs- und Kommunikationsmöglichkeiten. Eine Berieselung den ganzen Tag über wirkt gegen das Reden. Gerade diese heute gängige Kommunikationsart hätte die Möglichkeit, Bildung, Kultur und Information zu vermitteln, nicht überwiegend Spaß, gute Laune und Spannung zu erzeugen. Gefährlich kann sein, dass unter solchen Bedingungen das Reden unterbleibt und Einsamkeit und Leere einziehen. Sicherlich ist nicht nur das Fernsehen dafür anzuschuldigen, es gibt auch eine Menge anderer Gründe, sich dem Dialog zu entziehen. Ist es nicht traurig zu sehen, wenn ein junges, zusammengehörendes Paar sich in einem Café niederlässt, Kaffee trinkt, sich entspannt und nicht miteinander redet. Stillschweigen beim gemeinsamen Kaffee oder gemeinsamen Essen! Dieses Phänomen betrifft alle Altersschichten. Die Aufforderung zum Reden verschließt sich nicht der Erkenntnis, dass auch Schweigen einmal recht eindringliches und tiefes Reden, gleichsam ohne Worte sein kann. Es gibt Lebenssituationen, in denen einem einfach die Worte fehlen, Sprache und Rede verstummen, die aber im gespannten Schweigen vieles aussagen. Erkennen wir also die Chancen des Redens in den kleinen Gemeinschaften, in denen wir stehen. Nutzen wir das geistige Potential dieses auch nicht geprüften Redens zur Entwicklung unserer Sprache und unserer Sinne. Reden in der Familie ist Grundoffenbarung des Redens und Zeichen einer geistigen Haltung, füreinander offen und verantwortlich zu sein.

Über das Reden vor Freunden und Fremden

Über die Familie hinaus reden wir im Kreise von Freunden und Bekannten oder im Kreise von fremden Menschen. Das Reden im Freundeskreis ist gekennzeichnet durch verschiedene Meinungen, Auffassungen und Einstellungen, durch individuelle Einsichten und Erkenntnisse, durch verschiedene Denkschemata und kulturelle

Grundlagen, durch religiöse oder atheistische Einstellungen, durch Kausalität, Nihilismus, durch die Anerkennung einer vis vitalis (einer Kraft, die das Leben steuert) oder die Einsicht, dass alles Geschehen durch materielle Abläufe angestoßen und beendet wird. Also: eine ganze Reihe von Prägungen, mit denen man sich in der Rede und in einem vielseitigen Dialog auseinandersetzt. Reden im Freundes- und Bekanntenkreis geschieht also auf verschiedenen geistigen Ebenen. Die Atmosphäre dieses Redefeldes, weil ja unter Freunden und Bekannten vollzogen, entwickelt sich im Geiste gegenseitigen Verständnisses und des Verstehens, also auf einer Grundlage des Zueinander und Füreinander. Insofern liegt in diesem Kreis eine günstige Redekultur. Man kann und will aus grundsätzlichen Gründen (Freundschaft, Familienbande) zueinander finden und füreinander sein. Schwieriger wird die Situation beim Reden im Kreise von Menschen unserer Umwelt, die nicht auf dieser gemeinsamen Grundlage des Verstehenwollens stehen, wo die Atmosphäre eher nicht passt, gestört ist durch Lebenshaltungen und Lebenseinstellungen, die keine unbedingte Akzeptanz des anderen finden. Solche Situationen sind gewiss nicht selten. Reden kann hier schwierig werden, doch Reden ist hier dennoch nicht weniger notwendig. In solcher Rede dürfen die Teilnehmenden auf keinen Fall damit beginnen und daran hängen bleiben, was beim Gegner zu bemängeln sei und was auf jeden Fall hätte anders, meist besser, verlaufen müssen. Beginnt die Rede und Gegenrede mit solchem persönlich Missfallenem oder einem Angriff, dann muss auf die Rede des einen die Rechtfertigung des anderen folgen, eine Situation, die nicht erfolgreich sein kann, die mehr eskaliert als deeskaliert, die Mauern errichtet und nicht abbaut. Es sollte aber das Ziel einer solchen Rede sein, Mauern abzubauen, sie zu umgehen oder sie zu überwinden. Auf diese Weise gelänge Annäherung, Verständnis und gelingende Rede. Vermittelt werden muss zwischen den Kontrahenten, dass es um den Menschen an sich, nicht um seine Taten und Untaten, nicht um Unverlässliches und Beklagenswertes geht, sondern um das Innere, das Wohl und Wehe des Gegenüber. Auf diese Weise können Wege zueinander gebahnt werden, Wege über Missverständnisse und Mauern hinweg. Ein solcher Weg wird ja heute häufig begangen bei den sogenannten „Mediationen", einer erfolgreichen psychologisch gestützten Methode, Unversöhnliches zu vermitteln und zueinander zu bringen. Im Vordergrund dieser Gesprächs- und Redeführung kann es niemals darum gehen, Gewinner oder Verlierer zu sein. Das führt zur Unlösbarkeit. Vielmehr wird angestrebt eine „win-win-Situation", jeder der Redenden sieht sich als Persönlichkeit beachtet und auf keinen Fall beurteilt. Reden also mit dem Ziel des Findens. Daraus ergibt sich, dass Reden eigentlich immer möglich ist, bei erloschenen Möglichkeiten aber auch auf Hilfe zurückgegriffen werden kann, um das Feuer des Redens wieder zu entfachen. Das Reden einstellen würde Asche übriglassen. Aber auch in der Asche findet sich vielleicht noch die Möglichkeit der Glut, der Glut zum Reden. Treten wir diese Glut niemals aus.

Über die Aufgabe, eine Rede zu halten

Jeder Mensch kann in die Situation kommen, aus dem dialogischen Reden zum monologischen Reden aufgefordert zu sein, also eine Rede zu halten. Dabei wird ihm meistens ein Thema vorgegeben. Häufig sind Begrüßungen bei Festen und Versammlungen und ebenso häufig überraschen sie den zum Reden Aufgeforderten. Was soll ich jetzt denn sagen, was reden? „Guten Appetit" das ist keine Rede, höchstens ein selbstverständlicher, spontaner Wunsch. Davor sollte die Rede über den Inhalt des Zusammenseins stehen. Aber dafür bedarf es für den Redenden der vorbereitenden Gedanken, also eine gewisse Zeit vorher zur geistigen Sammlung, die er sich, je ungeübter er ist, auf jeden Fall nehmen sollte. Aber auch der im Reden Geübte tut gut daran, sich vorher auf die jetzt vorhandene Situation einzustellen, sonst verkennt er sie und greift zu ihm bekannten floskelartigen Begriffen und Redensarten, die fast überall hin passen, nur nicht auf das jetzt Anliegende. Dem Reden muss also auch in solchen häufigen Situationen ein geistiges Abwägen vorausgehen. Eine Begrüßung z.B. einer Gewerkschaftsversammlung in einem Betrieb sollte neben der Begrüßung der Anwesenden auch etwas über den Grund und das Ziel der Zusammenkunft aussagen. Wenn der zum Begrüßen Aufgeforderte im Reden ungeübt ist, kann er sich die wenigen Sätze auch aufschreiben und langsam als Begrüßung ablesen. Eine solche Rede wird auch dem Ungeübten gelingen. Familienfeste und Hochzeiten sind ebenfalls Gelegenheiten, zu reden und Reden zu halten. Während Familienfeste das Reden wegen des kleinen Rahmens oft leichter erscheinen lassen, sind die Hochzeitsreden meist ein größeres Problem. Was, wie und wie viel soll gesagt werden an so einem wichtigen Fest für die gemeinsame Zukunft und das gemeinsame Ziel und auch für das gemeinsame Reden ein Leben lang? Wahrlich eine schwierige Aufgabe! Solche Reden treffen die aktuelle Situation, ihre Würde und Bedeutung in diesem Augenblick selten, wenn sie spontan geschehen. Vorbereitung, Überlegung und geistige Arbeit sind Bedingungen für den Erfolg eines solchen Redens. Schädlich für solches Reden ist in einem solchen Kreis häufig der vorherige Alkoholkonsum, bisweilen weit über das verträgliche Maß. Reden unter dieser Bedingung gerät schnell zur Peinlichkeit und führt zu Anstoß und Lächerlichkeit. Also: keine Rede unter Alkoholeinfluss. Soll damit der Genuss von Alkohol grundsätzlich abgelehnt werden? Sicherlich gilt auch hier der pharmakologische Grundsatz: "Dosis facit venenum" – die Dosis macht's aus, nicht unbedingt die Menge, die man vertragen kann. Denn allein in der subjektiv beurteilten Verträglichkeit sind die Schwankungen groß und die Wirkungen meist gleichartig folgenschwer. – Auf der anderen Seite aber steht das durchaus berechtigte maßvolle Trinken von Alkohol, z.B. eines guten Glases Wein, anregend wirkend auf Geist, Motivation und Rede. Leichte Hemmungen können zu Recht wegfallen, die Zunge – durchaus ihrer noch mächtig – kann leichter artikulieren, die Rede kann so richtig gelingen . Heißt es doch auch „in vino veritas“ – im Wein liegt Wahrheit, weil er, so getrunken, die Decke von der Wahrheit ziehen kann und beim maßvollen Zecher eine geredete Wahrheit besser in sein Inneres, seine Sinne und Gedanken eindringen kann. Insofern kann Wein Gemeinschaft fördern, Freude bereiten, zu gelingender Rede beitragen, nicht weinselig, vielmehr weinstimuliert, anregen zu gutem Reden. Doch der hier aufgezeigte Pfad ist schmal und die Gefahr des Fehlens groß!

Ein weiterer Anlass zum guten Reden stellt immer wieder der endgültige Abschied eines Menschen aus dieser Welt dar, nämlich die sogenannte Totenrede oder Leichenrede, auch Nekrolog genannt. Wohl die schwierigste Form der Rede! Und weil sie so schwierig ist, wollen wir sie in einem Schwerpunkt am Ende dieser Schrift betrachten. Was fiele uns zum Reden ein in einer Situation, die eigentlich nur betroffenes Schweigen gebietet?

Über das Reden beim Sport

Gesprochen und geredet wird aber auch im Sport, unter vielen Menschen und verschiedenen Interessen. So stehen hierbei wohl der Fußballsport, aber auch Eishockey und andere Massensportarten im Vordergrund. Sind solche Sportereignisse Veranstaltungen des Redens? Dies grundsätzlich zu verneinen, wäre wohl eine vorschnelle Abqualifizierung, dies aber kritisch zu hinterfragen bezüglich Redensarten und Redensaktivitäten eher gerechtfertigt. Warum strömen die Menschenmassen zu solchen spielerischen Ereignissen? Sicherlich nicht um des Reden willens. Vielmehr darum, um im Spiel der Mannschaften ein Stück ihrer selbst zu finden, je nach Zugehörigkeit zu einem Verein. Eher uninteressant wäre die Spielsituation, würde der Zuschauer mit beiden Mannschaften im gleichen Maße verbunden sein. Er könnte sich dann zwar über spielerische Akrobatik und spezielle Sportkunst erfreuen, den „Ruck" oder den „Kick" in seinem Inneren würde er nicht verspüren. Und darauf kommt es doch gerade an. Nicht auf Gleichstellung beider gegnerischer Mannschaften, vielmehr auf Überlegenheit und Sieg, auf das „Besser-Sein". Eine solche sportliche und friedliche Einstellung ist durchaus akzeptabel, wenngleich sie das Gegenteil von dem ist, was wir oben eine „win-win-Situation" nannten. Doch offenbar muss es für unser Gemüt, unsere Spontaneität und unsere Freude solche unmittelbaren Erlebnisse geben, und wenn sie im Spiel geschehen, können sie freundlich toleriert werden, wenn sie, was immer wieder schnell geschehen kann, in körperliche Gewalt ausarten, sind die Regeln des Spieles verlassen. Leider kommt es nicht selten zu solchen störenden Aufwallungen eines Spieles. Was aber haben solche Spiele mit der Rede, dem gesprochenen Wort zu tun? Statt zu reden, neigen sie eher zu Sprechchören, häufig wenig geistigen Inhalts. Hier darf sich das Einfache und sprachlich Einfältige ausdrücken – warum nicht? Grenze dieser Art des Redens ist aber auf alle Fälle die Achtung der Persönlichkeit des Gegners und der gegnerischen Mannschaft. Man darf sie nicht verbal vernichten. Sport und Spiel so verstanden, haben ihre Berechtigung. Sie dienen zwar nicht in erster Linie der Rede und der Sprache, sie lassen aber dem Gefühl, dem Augenblick, der Intuition, der Neigung einen Raum der Entfaltung. Und dies ist auch durchaus richtig und notwendig. Aber auch der Sport sollte wissen: er ist nicht alles und nicht das Höchste, es gibt mehr und Höheres. Unter diesem Aspekt kann der Sport in seinem vielen Arten schön, körperlich ertüchtigend und geistig förderlich sein.

Zusammenfassung

In Sprache und Reden also, so haben wir es in vielfältigen Variationen festgestellt, setzen wir Menschen uns in gegenseitige Beziehung, wird Individuum zur notwendigen Gemeinschaft, zum Gemeinwesen, zu Volk, Staat und Staatengemeinschaften. Durch Sprache und Reden lernen wir, uns zu beachten, vielleicht auch leider zu missachten, dem Menschen seine Würde zu lassen oder ihn zu vernichten. Die Geschichte der Menschheit ist voller solcher Beispiele oder Extreme: Beziehungen zu Anerkennung und Freundschaft, Beziehungen zu Ablehnung und Feindschaft. Wie wir aber anfangs bei der Wertung der bedeutenden griechischen Sprache gesehen haben, dürfen wir die Sprache nicht nur als Werkzeug, sondern auch als Geber geistigen Inhalts sehen. Sprache und Reden sind also auch immer Mühe und Arbeit um Inhalte, die wir über sie vermitteln. Sprache hat immer auch etwas zu tun mit Ethos, der praktizierten Ethik des Redens. Ethos lässt keine bleibenden und zerstörenden Feindschaften zu. Ethos beinhaltet zwar Wertungen, niemals aber Zerstörung und Vernichtung! Ethos soll zu Besserem, zu gegenseitiger Akzeptanz, zu Gerechtigkeit, Friede und Freude aller führen. Und dazu ist die Sprache auch da.

Bisher wurden verschiedene Sprachsituationen aus dem täglichen Leben betrachtet und die große Bedeutung der Sprache, des Redens, für das Leben und seine Entwicklung gezeigt. Doch was hat dieser Lebensalltag mit dem Thema zu tun, der Lebenssituation des Sterbens? Sterben ist ein Lebensabschnitt und damit immer wieder wie viele Lebensinhalte zu bedenken und zu bereden. Beeinflusst nun die Endgültigkeit dieser Situation mein aktuelles Reden, mein Reden aber auch vielleicht schon lange vorher? Denn der normale Lebenslauf, gekennzeichnet durch Reden, kann plötzlich vor dem endgültigen Ende stehen. Das gilt es zu bedenken, wie wird dann die Sprache im Alltag, wie das Reden in den aufgezeichneten Situationen? Was bleibt vom allgemeinen Reden, welche Änderungen und Wertungen treten ein, wenn die Grenze sichtbar, das Ende spürbar wird? Was bleibt? Was ändert sich? Was wird tiefer oder anders? Was verdichtet sich aus dem breiten Lebensalltag der Sprache und des Redens und wird dem Untertitel gerecht, nämlich der Biographie des Sterbens? Es mag also erlaubt sein, zunächst allgemeine Lebenssituationen zu beschreiben, um daraus einzumünden in das eigentliche Anliegen, das Bleibende, das Erhoffte und Erwartete, die Erkenntnis eines Neuen und bisher nicht Erlebten. Dieses Komplexe und Komprimierte, diese vorgegebene Richtung wird im Schwerpunkt abgehandelt in Kapitel III, dem „Zum“. Zunächst aber zur Situation des Endes. Was bedeutet „Ende“, wie gehe ich damit um?

II. Übers Ende

Reden und Ende, zwei Worte, die nicht zusammenpassen wollen, die sich wie zwei gleichnamige Magnetpole abstoßen, braucht doch das Reden Zeit, viel Zeit, auf keinen Fall aber das Ende. Reden kann Ende nicht überdauern, aber am Ende wird das Reden besonders bedeutsam; es ist ja das letzte Reden! Alles Leben spielt sich zwischen Anfang und Ende ab, das eine ist die Bedingung für das andere und zwischen Anfang und Ende wird Reden gepflegt. Kann man den Anfang denken ohne das Ende? Unser gelebtes Leben verläuft zwischen Anfang und Ende. Der Beginn eines neuen Tages, der Beginn der Arbeit in Beruf und Schule, der Beginn einer Freizeitgestaltung, der Beginn der Ferien, der Beginn einer jeden neuen Stunde, der Beginn eines Unterrichtes, eines Vortrages, eines Konzertes, der Beginn einer gedanklichen Arbeit, der Beginn einer Feier, stets sind wir von einem Beginnen umfangen und gleichzeitig vom Ende wissend. In diesem Ablauf „Beginn-Ende“ können wir unsere Zeit strukturieren, weil uns die Inhalte zwischen Beginn und Ende möglicherweise bekannt sind, meist auch mit Erwartungen versehen, wissend von Anfang und Ende. Ein Fußballspiel von 2 mal 45 Minuten erscheint vom zeitlichen Ablauf her lang für den Zuschauer, dessen Mannschaft im Vorteil ist und diesen behalten will, zu kurz allerdings für den, dessen Mannschaft ihren spielerischen

Nachteil aufholen und ausgleichen will. Ganz verschiedene Wahrnehmungen also zwischen Anfang und Ende. Der Mensch erlebt diese genannte Zeit zwischen Anfang und Ende im täglichen Ablauf auch als durchaus normal und nicht belastend.

Schwieriger wird es, wenn der Anfang und das Ende nach seinem Inhalt gänzlich unbekannt, unklar, unsicher, fragwürdig ist. Dann schleichen sich abwägende Gedanken, Unsicherheiten, Furcht, bisweilen Panik ein. Ein solcher unklarer und unsicherer Anfang wird zur Last, zum Problem, zur Störung des seelischen Gleichgewichts. Und vor solchen Anfängen fürchten wir uns schließlich auch; ein solcher Anfang ist unangenehm und wir würden ihn am liebsten meiden. Ähnlich ist es mit dem Ende. Im Allgemeinen nehmen wir das Ende an, wir haben es kalkuliert, bisweilen erwartet, ja ersehnt. Das Ende der Arbeit, das Ende der Ferien, das Ende einer schönen Feier, das Ende einer lehrreichen Tagung, das Ende einer Krankheit, wir haben dieses Ende schon zu Beginn bedacht: Anfang und Ende sind durch unsere Gedanken, durch unser Tun, durch unseren Einfluss, durch unsere Rede in unsere Disposition gestellt. Wir können mitwirken am Anfangspunkt, am Endpunkt, am Inhalt zwischen beiden. Diese menschliche Gestaltungsmöglichkeit, gleichsam Herr sein über Anfang und Ende, gibt ein erhabenes Gefühl, vermittelt auch Gefallen und ist durchaus „menschenadäquat“.

Doch: es ist nur die halbe Wahrheit. Denn weder Anfang noch Ende unterliegen unbedingt menschlicher Erwartung und menschlicher Beeinflussung. Betrachten wir das Ende und den Anfang eines Menschenlebens, dann ist es mit der Verfügungsgewalt nicht weit her und die Einflussmöglichkeiten sind zumindest beschränkt und wirken nur noch auf kurze Zeit. Werte und Wertigkeiten des Lebens werden unter der Betrachtung des Lebensendes wankend, fragwürdig, unsicher, wegen des Unklaren und Unbeeinflussbaren auch mit unlösbaren Fragen und Ängsten besetzt. Um dieses endgültige Ende geht es, wenn wir nach dem „Reden zum Ende“ fragen. Fragen wir nach dem Ende des Lebens, dann müssen wir zunächst zurück zum Anfang des Lebens.

Wir leben und wollen leben. Daher die Frage: *Welches sind nun in der Biologie die Zeichen des Lebens?* Diese Lebenszeichen sind festgelegt, werden erschlossen und dargestellt im kleinsten Baustein des Lebens, der Zelle. Woran erkennt man, dass eine Zelle lebt? Zunächst ist dies der *Stoffwechsel*. Eine lebende Zelle besitzt also die Fähigkeit, Stoffe aus der Umgebung aufzunehmen, zu verarbeiten und die entstandenen Schlacken auszuscheiden. Dieser Stoffwechsel dient dem Bau und Erhalt der Zelle und auch der Leistung der Zelle, nämlich ihrer Funktion. Ein weiteres Lebenszeichen der Zelle ist ihre *Bewegungsfähigkeit*. Die Zelle hat die Möglichkeit einer Gestalts- und Ortsveränderung. Eine Vielzahl von Bewegungsleistungen ist möglich. Weiterhin ist eine lebende Zelle dadurch charakterisiert, dass sie *Reize aufnehmen* und diese beantworten kann. Hoch differenzierte, also spezialisierte Zellen antworten auf die verschiedenen Reize sehr spezifisch, also entsprechend dem was sie können, worauf sie programmiert sind. So reagieren beispielsweise die auf Licht eingestellten Sehzellen im Auge auch auf einen Schlag gegen das Auge, also einen mechanischen Reiz, mit einer Lichtempfindung.

Ein weiteres Zeichen des Lebens ist das *Wachstum und die Vermehrung*. Damit können sich die Zellen auch an die gestellten funktionellen Anforderungen anpassen. Wachstum einzelner Zellen ist allerdings nur in beschränktem Maße möglich, da Wachstum in der Biologie Grenzen hat. Vermehrung der Zellen dagegen findet auch nach der Wachstumsperiode beständig statt, wobei dabei die Stammzellen eine besondere Bedeutung haben. Schließlich ist ein Zeichen des Lebens die *Zellteilung*. Diese Zellteilungsfähigkeit führt zur beständigen Erneuerung des Gewebes. So werden z.B. sämtliche Zellen der Schleimhäute des Verdauungsapparates innerhalb von ca. 3 Monaten erneuert. Auch Zellarten, hochdifferenziert und spezialisiert, denen man bisher die Teilungs- und Erneuerungsfähigkeit abgesprochen hat, wie z.B. Nervenzellen im Gehirn, haben dennoch eine solche, wenn auch nach Art und Umfang anders ablaufend. Das also sind Zeichen des Lebens auf zellulärer Ebene! Möglicherweise ist jedoch bisher eine Eigenschaft vergessen geblieben, nämlich das

Ende, das Lebensende der Zelle. *Ist somit das Ende ein Lebenszeichen?* Eigentlich ja, denn was einen Anfang hat, hat auch ein Ende und was lebt, geht einem Ende des Lebens entgegen. Nur was lebt, stirbt auch. Und somit ist das Aufhören des Lebens ein Lebenszeichen.

Wenn also das Ende als Lebenszeichen betrachtet wird, so darf gefragt werden: Ist denn das Ende des Lebens an sich notwendig für das Leben? Warum endet das Leben, wo es sich doch ständig erneuert? Liegt eventuell ein defekter Bauplan vor? Und man darf weiterhin fragen: ist denn das Ende unausweichlich, unabänderlich, ist es vielleicht gar vermeidbar? - Diese Fragen beschäftigen seit langem die Wissenschaft. So schrieb schon im Jahr 1919 der Psychoanalytiker Sigmund Freud in einem Aufsatz: „Das Unheimliche“ Folgendes: „Unsere Biologie hat es noch nicht entscheiden können, ob der Tod das notwendige Schicksal jedes Lebewesens oder nur ein regelmäßiger, vielleicht auch vermeidbarer Zufall innerhalb des Lebens ist“. Und der Philosoph Max Scheler meinte in einer Schrift mit dem Titel „Tod und Fortleben“ aus dem Jahr 1914/15, dass es eine defizitäre Medizin sei, ein Mangel an machbarem Fortschritt, wenn nicht gar ein „moralisches Verschulden des Unfleißes der Mediziner und Ärzte, dass Menschen immer noch sterben. Ist doch jede Maschine prinzipiell wieder reparierbar. Und es wäre hiernach nur ein schuldhafter Unglaube an menschliche Tatkraft und Kunst, den Tod als eine absolute und endgültige Welteinrichtung anzusehen“. Das Ende also als vermeidbar, Krankheit und bedrohliche Funktionsschäden unseres Körpers als grundsätzlich reparable Defizite, erreichbare Unsterblichkeit durch intensive wissenschaftliche Forschung und Erkenntnisse, der Mensch also versehen mit einer nicht begrenzten Lebensspanne, mit irdischer Unendlichkeit. Ist dies spekulierende Phantasie? Doch was träte dann an die Stelle des Todes, wenn dieser als endgültige Beendigung des Lebens „abgeschafft“ wäre? Eine Vision, die eher mit Horror besetzt ist. Und zwar deshalb, weil bei der Vorstellung des „immer weiter“, des Endlosen, aber dennoch den Naturgesetzen des Lebens verbunden mit Ausnahme des endgültigen Endes, es zu einem Phänomen kommen würde, welches wir mit „Schrumpfung“ umschreiben könnten. Der Mensch, seines Endes beraubt, würde in all seinen Lebenserscheinungen schrumpfen und dieser ohne Ende schrumpfende Mensch wäre ein wirklich trauriges Schicksalsprodukt. Vernünftiger, akzeptabler, menschlicher ist bei dieser Vorstellung sicherlich der Tod.

Deshalb einige Gedanken zur *Physiologie des Todes*. Was verstehen wir unter Physiologie? Dieses wichtige Fachgebiet der Medizin widmet sich vorzugsweise der Aufklärung von Regelvorgängen, von normalen Abläufen im menschlichen Körper. Das Normale ist also auch das Physiologische. Die grundlegenden Lebensprozesse, ihre biophysikalischen und biochemischen Gesetzmäßigkeiten, ihre zellulären Strukturen und die daran gebundenen Funktionen werden erforscht, erkannt und naturwissenschaftlich-mathematisch definiert. Physiologie befasst sich mit der Aufgabe, Funktionen und Leistungen und deren Ursachen und Abläufe zu erkennen, zu messen, zu definieren und, wenn möglich, günstig zu beeinflussen. Gehört zu dieser Physiologie des Lebens auch eine Physiologie des Endes und des Todes? Damit wäre allerdings die Physiologie als Wissenschaft am Ende, was sie eigentlich nicht sein darf, denn sie ist nach ihrer Definition eine Physiologie lebender Strukturen. Sie umfasst allerdings als Wissenschaft auch jenen Lebensabschnitt, den wir am liebsten ausklammern, nicht beachten, verdrängen, nämlich eben die *Physiologie des Sterbens*. Das Sterben ist also ein Lebensvorgang. Bei verminderten und sich minimierenden Leistungen und Funktionen zum Leben zeigt diese Phase Veränderungen, allerdings mit dem Zielpunkt der Unumkehrbarkeit, der Irrreversibilität. Der Tod also wäre dann der Endpunkt des Sterbens, der Punkt ohne Umkehr, die Endgültigkeit des Endes. Wodurch ist nun die Physiologie dieses Endes charakterisiert? Ob ein Organismus lebt oder tot ist, kann nur an seiner Funktion festgestellt werden. So schrieb schon Rudolf Virchow im Jahre 1862 den heute noch gültigen Satz: „Daher erscheint uns die Erregbarkeit der einzelnen Theile als das Kriterium, wonach wir beurteilen, ob der Theil lebe oder nicht lebe.“ Denn die mit dem Ende eintretende Stoffwechselruhe (Stoffwechselstillstand) und Unerregbarkeit ist zunächst nur an erloschenen Funktionen ablesbar. Solange ein Stoffwechsel besteht und damit auch Leben vorhanden ist, zeigt dieser in eine bestimmte Richtung. Ist diese Richtung bestimmt durch Aufbau und Leistungssteigerung, dann nennen wir diese Phase *Anabiose*, aus griechisch „*ana*", = auf, hinauf und „*bios*", = Leben und Lebensweise. Eine Verminderung der Leistung, ein Verbrauch, ein Mangel an energetischem Zufluss, ein Abbau, wird unter dem Begriff *Katabiose* „*kata*", = herab, abwärts und „*bios*", = Leben, Lebensweise zusammengefasst.

Bei den normalen, das Leben garantierenden Leistungen haben wir ein Wechselspiel zwischen *Anabiose und Katabiose*, wobei im Kurvenverlauf beider die Katabiose immer zur anschließenden Anabiose aufsteigt. Erst dann, wenn im Wechselspiel des Lebens, die Wellenkurve Katabiose sich nicht mehr zur Wellenkurve Anabiose erhebt, dann kommt es zur Desorganisation des Ganzen, zu Funktionsänderungen und zu Funktionsverlusten, zu Stoffwechselentgleisungen und zum Stoffwechselstillstand. Über die bleibende Katabiose und die folgende Desorganisation sind wir dann angelangt an jenem „Punkt ohne Umkehr", der Abbau ist nicht mehr umkehrbar, er ist irreversibel. Dieser irreversible Abbau ist mit dem Ende, dem Tod des Individualorganismus gleichzusetzen. Es ist dies der Endpunkt. Den Weg dorthin nannten wir die Lebensphase des Sterbens.

Wodurch ist diese Lebensphase gekennzeichnet? Dieses Sterben umfasst einen verschieden langen Zeitraum, in dem Zeichen des Endes, der Unumkehrbarkeit, der Irreversibilität, erkennbar und messbar werden. Es kommt in dieser Phase zum Verlust an Lebenskennzeichen, an Lebensfunktionen, zum Verlust des organismischen Prinzips, also zur Zerstörung von Stoffwechsel und Erregbarkeit auf zellulärer Ebene, übergreifend auf Gewebe, Organe und schließlich den Gesamtorganismus. Und damit tritt der Tod des Gesamtindividuums ein. Dieser Tod hinterlässt die Leiche, die leblos gewordene Substanz des gelebten Menschen. Weil das Sterben ein besonderer, ja endgültig letzter Lebensvorgang ist, deshalb ist in dieser Phase des Lebens eine besonders intensive Betreuung nötig. Diese „Betreuung" genannte Begleitung ist nun nicht in erster Linie die Aufgabe des Arztes und der Medizin. Dies ganz sicherlich auch! Es ist zu beklagen, wenn der Arzt um einen sterbenden Patienten einen Bogen macht in der falschen Vorstellung, ihm doch nicht mehr helfen zu können oder gar in der Vorstellung, das nahe und unausweichliche Ende sei Zeichen seines medizinischen Versagens, seiner Unkenntnis, seines Mangels an Wissen und Leistungsfähigkeit. Bis heute konnte der Vorstellung Freuds und Schelers absolut nicht näher gekommen werden: der Tod kann nicht abgeschafft werden. Und es wird auch nicht gelingen, ihn abzuschaffen. Und deshalb gilt: In der Phase des Sterbens ist menschliche Nähe entscheidend wichtig. Und diese soll geschehen durch den Arzt und die Angehörigen und

Nahestehenden. Es ist ein menschlicher und menschenwürdiger Dienst in der Lebensphase „Sterben“. Er gehört zur Biographie des Sterbens.

Auf den Lebensvorgang Sterben folgt der Tod, der Punkt ohne Umkehr. Dieses Ende des Lebens betrifft einerseits die kleinsten Strukturen unseres Körpers, Zellen und Gewebe, aber auch andererseits den gesamten Körper. Sind nur die kleinsten Strukturen, also Zellen oder Gewebeteile betroffen, so wird dieses „Sterben im Kleinen“ vom Gesamtorganismus häufig überlebt. Der Organismus insgesamt reagiert auf diesen Sterbevorgang mit Reaktionen der Wiedergutmachung, der Abwehr, des Aufräumens von Zell- und Gewebetrümmern. Dieser Zelltod nun, er geschieht in der Medizin auf zweierlei Weise, zum einen als *Nekrose*. *Nekrose* aus griechisch „*nekros*“, = Toter, Gestorbener. Unter einer Nekrose verstehen wir den umschriebenen Zell- oder Gewebetod im lebenden Organismus. Ursache für ein solches Geschehen ist eine meist oxidative Stoffwechselstörung, die zur irreversiblen Schädigung führt mit Schwellung der Zelle und umgebender Entzündung als Versuch der Begrenzung dieses Schadens. Dieser Tod auf zellulärer Ebene verlangt einen zeitlichen Ablauf. Erst wenn die Zelle nicht mehr in der Lage ist, sich an die Schädigung anzupassen und sie auszugleichen, sich erfolgreich zu wehren, beginnt sie innerhalb einer gewissen Zeit (Minuten oder Stunden) zu sterben. Wenn der Zeitraum des Lebenserhaltes überschritten wird, ist die Schwelle zur *Unumkehr-*

barkeit, zur Irreversibilität, erreicht. Man nennt diesen Punkt auch *„point of no return"*. Dieser Begriff stammt aus dem Militär: er bezeichnet diejenige Phase eines Feindfluges, bei der eine Umkehr des Flugzeuges zum Ausgangspunkt nicht mehr möglich ist. Damit ist also eine äußerst kritische Situation erreicht. Dabei werden im menschlichen Organismus Nekrosen meist überlebt, der Körper mit seinem Abwehr-System (Immun-System) wird mit der Schädigung, oft auch unter entsprechender medizinischer Therapie, fertig. Es kommt zur Erholung der Schädigung und zur Wiederherstellung des Normalen. Trotz partiellem Zell- oder Gewebstod lebt der Gesamtorganismus weiter. Würde der Gesamtorganismus den Schaden nicht mehr ausgleichen können und es zum Stillstand, zum Ende des Lebens kommen, also zum Tod, dann würde man diesen Zustand nicht mehr als Nekrose bezeichnen, sondern als Leiche. Leiche und Nekrose sind also zu unterscheiden.

Doch das so wichtige Ende von Zellen und Geweben geschieht nicht nur durch den geschilderten Vorgang der Nekrose, sondern zum anderen durch ein Ende, den Tod, als einem im Lebensprogramm der Zelle festgelegten Geschehen. Diese Art des Endes, des Absterbens, wird durch unsere Gene vermittelt und es kommt zum Schrumpfen der Zellen. Eine begleitende Umgebungsreaktion ist dabei, wie bei der Nekrose, nicht festzustellen. Dieser Vorgang wird *Apoptose*, aus griechisch *„apopipto"*, herabfallen, niederfallen, genannt, mit sprachlicher Verwandtschaft zum Herabfallen, Herabtrudeln eines Blattes vom Baum. Dieser vorprogrammierte Zelltod kann auch hervorgerufen werden durch eine gewollte Genschädigung (Genomschädigung), z.B. im Rahmen einer Therapie. Zytostatika im Einsatz bei der Krebsbehandlung schädigen in der Zelle die DNS und führen zur Apoptose. Hier sind wir wieder angelangt auf der zellulären und molekularbiologischen Ebene. In der Zelle spielt neben vielen anderen wichtigen Strukturen für das Leben der Zellkern eine herausragende Rolle, ist er doch auf dieser mikroskopisch kleinen Ebene die Kommandozentrale mit weitreichender Wirkung. In diesem Zellkern finden wir als Wirksubstanz die Kernsäure (Nucleinsäure, von nucleus = Kern). Analysen ergaben, dass es sich bei dieser Kernsäure um die Desoxyribonukleinsäure (DNS) handelt, die räumlich in einer ganz bestimmen Weise angeordnet und vernetzt ist. An dieser Stelle, nämlich der DNS, entstehen viele Krankheiten, so auch die Krebserkrankungen. Gelingt es, an dieser Stelle oder auf zellulärer Ebene einzuwirken, ist eine Therapie häufig erfolgreich. Dabei kommt es durch Vermittlung von Proteinen über bestimmte Signalwege zum Vorgang der Apoptose, das bedeutet, die Zelle bringt sich selbst um, wir können also von einem programmierten Selbstmord der Zelle sprechen. Dieses Todesprogramm kann aber auch ausgelöst werden von Zellen desselben Organismus und zwar, wenn diese z.B. überflüssige Zellen beseitigen, sie bringen sich also gegenseitig um. Deshalb können wir auch von einem programmierten zellulären Brudermord sprechen. Das Ende, der Tod, *der Punkt ohne Umkehr*, ist also ein zelluläres Problem und führt zunächst nicht zum Individualtod.

Dieser Weg zum Gesamttod des Organismus wird erst dann beschritten, wenn bei vorausgegangenem Zelltod es zu Schädigungen oder zu geweblichen Überschussbildungen kommt, die das Lebensgefüge des Grundorganismus zerstören, was schließlich nicht mehr behandelbar, d.h. unumkehrbar, wird und zum Verlust lebenswichtiger Funktionen an Herz, Kreislauf, Atmung, auch zentraler, zerebraler Vorgänge führt. Und jetzt naht der Individualtod. Er ist aus medizinischer Sicht bis heute unausweichlich, dieser Tod des Gesamtorganismus. Denn dieses Ende steht auch in einem Zusammenhang mit der perfekten Spezialisierung und Differenzierung der Zellen unseres Organismus. Je differenzierter diese notwendigen hochspezialisierten Zellen sind, desto empfindlicher werden sie für die genannten Vorgänge der Nekrose und Apoptose. Wir könnten also sagen: Je mehr Differenzierung und Spezialisierung, um so mehr Gefahren für das Leben der Zelle. Der Preis für diese Notwendigkeiten zum Leben ist das Ende, das Zahlungsmittel ist der Tod.

Dabei ist die Grenze zwischen Leben und Tod weder für den einzelnen Menschen beim Individualtod noch für Gewebe und Organe einer genauen zeitlichen Abfolge unterliegend. Doch: *wann ist ein*

Mensch tot? Im Tod kommt es zum Stillstand der zentralen Koordination der einzelnen Lebenserscheinungen und Organfunktionen. Eine erkennbare Todessituation ist der endgültige Stillstand des Herzens und das Aufhören der Atmung. Im Sterbevorgang kommt es nach und nach zu zunehmenden Dysregulationen. Diese zum Tod führende Lebensphase (=terminale Lebensphase) wird auch als *Agonie* bezeichnet. Dieses griechische Wort bedeutet Kampf, also Todeskampf. Doch einen solchen Todeskampf gibt es nicht, zumindest nicht beim Eintritt des Todes infolge einer Krankheit. Der Tod vollzieht sich für den Sterbenden unmerklich und somit unspektakulär und „friedlich". Doch ist damit für einen Menschen noch nicht der biologische Tod eingetreten. Vitale Funktionen einzelner Organe können noch lange Zeit nach einem Herz- und Atemstillstand erhalten sein. Die noch erhaltenen und lebenden, d.h. funktionsfähigen Organe trotz klinischen Todes lassen von einer *Dissoziation* (Auseinanderfallen) der vitalen Lebensvorgänge sprechen.

Eine solche Dissoziation birgt nun einige Chancen für die Medizin und für den möglichen Erhalt des Lebens. Diese liegen in der Möglichkeit der *Reanimation*. Reanimation bedeutet bei erloschener Herz-Kreislauffunktion und erloschener Atemfunktion, also den Zeichen eines klinischen Todes, die Wiederherstellung dieser Funktionen durch bestimmte Maßnahmen des Arztes, aber durchaus auch des Laienhelfers. Denn grundsätzlich sollte jeder, der bei einem solchen Notfall zugegen ist, bestimmte Maßnahmen zur Lebens-Rettung beginnen. Diese „Jedermannhilfe" ist deshalb erforderlich, weil nur ein kurzer Zeitraum zur Verfügung steht, innerhalb dessen sich Organfunktionen erholen können. Wie oben beschrieben, sind verschiedene Organe durchaus verschieden lange überlebensfähig, trotz Mangels an Sauerstoff und Nährstoffen. Und es gilt, diese Zeitspanne zu nutzen. Danach ist es zu spät oder es sind teilweise gravierende Schädigungen eingetreten. Am empfindlichsten bei diesem Zerfallen der Lebensvorgänge (=Dissoziation vitaler Funktionen) ist das Gewebe des zentralen Nervensystems (Hirn und Rückenmark). So verträgt das Gehirn eine Unterbrechung der Sauerstoffzufuhr nicht länger als 6 Minuten. Danach kommt es zu irreversiblen Schäden. Andere Organe haben innerhalb dieser *Absterbeordnung* andere und längere Überlebenszeiten: Nieren zeigen auch noch über 6 Stunden nach dem Aufhören des Herzschlages eine intakte Funktion. Samenzellen überleben diesen Zeitpunkt bis zu 72 Stunden, Knochen- und Bindegewebszellen überleben noch länger und können außerhalb des Körpers gezüchtet werden. Ein Herz kann unter bestimmten Bedingungen tagelang weiterschlagen.

Der Organtod des Gehirns wird also zum Kriterium des Todes des Individuums, auch wenn das Herz weiterschlägt und die Atmung von außen gesichert sein sollte. - Wichtig in dieser Reanimationszeit ist also ein schnelles Handeln, je schneller desto besser, um dem Gehirn ein Minimum der Durchblutung (Perfusion) und des Sauerstoffs (Ventilation) anzubieten. Die gebotene Eile wird umso wichtiger, als pro Minute, die ab dem Stillstand von Kreislauf und Atmung vergeht, die Chance eines Reanimationserfolges um bis zu 10% sinkt. Und deshalb sind auch die Reanimationsbedingungen unter den heutigen wissenschaftlichen Erkenntnissen standardisiert, insgesamt vereinfacht, aber mit beachtlichen Erfolgen versehen. Im Vordergrund steht dabei die Herzdruckmassage. Sie bewirkt eine ausreichende cerebrale und myocardiale Durchblutung (Durchblutung von Hirn und Herz). Eine kontinuierliche und effektive Thoraxkompression lässt dies erreichen. Im Amerikanischen spricht man von: „push hard and fast", also tiefe und schnelle Kompressionen sind notwendig. Die Eindrücktiefe des Brustkorbs beträgt ca. 6 cm, die Frequenz 100 – 120 pro Minute. Nach je 30 Kompressionen sollte eine Beatmung über Mund oder Nase erfolgen unter Beachtung bestimmter Handgriffe für die Durchgängigkeit der oberen Atemwege. Diese Maßnahmen allein eröffnen eine Chance der Rückführung zum Leben. Dass eine solche immer gelingt oder gelingen muss, trifft nicht zu. Dazu ist der Sterbevorgang zu kompliziert beim Verlust der Koordination der einzelnen Organe. Dennoch gilt: beim Auffinden einer leblosen Person nach Kontrolle von Bewusstsein und Atmung muss mit der Reanimation begonnen werden! Bei Versagen dieser Maßnahmen ist der Individualtod (das endgültige Ende) eingetreten, und das Gehirn ist jetzt irreversibel geschädigt, was mit dem weiteren Leben nicht vereinbar ist.

Nach eingetretenem Tod wird die verstorbene Person als Leiche bezeichnet und als solche gemäß den gesetzlichen Voraussetzungen in Gewahrsam genommen. Zuvor jedoch muss durch eine ärztliche Untersuchung festgestellt werden, dass die verstorbene Person wirklich tot ist. Dabei ist bei den festzustellenden Todeszeichen zu unterscheiden zwischen:

unsicheren Todeszeichen, wie Blässe der Haut, Abkühlung, fehlende Reflexe, Pulslosigkeit, Atemstillstand. Solche unsicheren Zeichen finden wir auch bei noch lebenden Personen, z.B. unter Alkoholisierung, Schlafmittelvergiftung, Epilepsie, Unterkühlung.

sicheren Todeszeichen, nämlich Totenflecken, Totenstarre und Fäulniserscheinungen. Frühe aber unsichere Leichenveränderung ist die Abkühlung, welche auch von der Umgebungstemperatur abhängig ist. Die Rektaltemperatur sinkt dabei in den ersten Stunden nach Todeseintritt um 1 Grad pro Stunde.

Von praktisch großer Bedeutung sind die *Leichenflecken oder Totenflecken*, auch *Livores* genannt. Diese entstehen dadurch, dass das zunächst noch flüssige Blut bei Aufhören des Kreislaufs in den

Gefäßen stehen bleibt und in das umgebende Gewebe einsickert. Entsprechend ihrer Schwere findet man diese Blutflecken an den tiefsten Stellen des Leichnams, so bei Menschen, die auf dem Rücken liegend gestorben sind, am Rücken. Bei Tod durch Erhängen treten solche Flecken vorwiegend an den unteren Extremitäten auf. Nach Todeseintritt lässt sich das ins Gewebe gelangte und das in den Kapillaren stehende Blut auf Druck von außen „wegschieben" oder zum Abblassen bringen. Nach Ablauf einer gewissen Zeit (ca. 17 - 24 Stunden) sind diese Flecken nicht mehr wegdrückbar, sie bleiben auf Druck bestehen. Für die Bestimmung des Todeszeitpunktes sind sie daher bedeutsam. Denn ihr Beginn, ihre Wegdrückbarkeit und Verlagerbarkeit braucht eine gewisse bekannte Zeitspanne. Leichenflecken entstehen in einem Mittelwert ca. 3/4 Stunden nach Todeseintritt. Sie zeigen die Tendenz des Zusammenfließens nach 2 ½ Stunden und sie haben ihre größte Ausdehnung nach ca. 9 Stunden. Beim Versuch des Wegdrückens dieser Flecken sind sie bis ca. 5 ½ Stunden auf Daumendruck vollständig wegdrückbar. Nicht oder unvollständig auf starken Druck wegdrückbar sind sie ab ca. 17 Stunden. Diese Wegdrückbarkeit wird auch vom Arzt überprüft. Weiterhin ist bei Totenflecken ihre Verlagerbarkeit zu prüfen. Die Flecken verändern gemäß der Schwerkraft ihre Lage bei Verlagerung der Leiche vollständig bis ca. 3 ¾ Stunden und unvollständig ab ca. 11 Stunden. So können die Totenflecken bezüglich ihres Beginns, ihrer Wegdrückbarkeit und ihrer Verlagerungsmöglichkeit Rückschlüsse auf den Todeszeitpunkt und Todesumstände zulassen. Als sichere Todeszeichen werden sie deshalb bezeichnet, weil sie in der beschriebenen Form nur an der Leiche nach dem sicheren Tod auftreten. Dennoch sind Verwechslungsmöglichkeiten möglich, evtl. mit Blutflecken (Hämatomen) oder auch nach thermischen Einflüssen auf die Haut (Hitze oder Kälte). Doch sind solche Verwechslungsmöglichkeiten bei Beachtung aller Unterscheidungskriterien und bei entsprechender Sorgfalt vermeidbar.

Als weitere frühe Leichenveränderung gilt die *Totenstarre*. Dabei kommt es nach Eintritt des Todes zur Kontraktion, zum Erstarren der Muskulatur, ausgelöst durch eine chemische Spaltung der in den Muskelzellen vorrätigen ATP. ATP ist Adenosintriphosphat; diese chemische Verbindung ist für den Energiestoffwechsel einer jeden Zelle von entscheidender Bedeutung. Auch beim Kontraktionsvorgang der Muskulatur ist ATP unabdingbar notwendig. Das Erstarren der Muskulatur beim Toten ist vergleichbar mit einer Muskelkontraktion am lebenden Menschen, auf welche im Leben eine Lösung folgt, jetzt aber nicht mehr. Die Totenstarre tritt in den Muskelabschnitten schneller ein, die kurz vor Todeseintritt noch betätigt worden sind. In vorher ruhenden Muskeln ist der Eintritt der Starre später. Darauf beruht auch die Nysten'sche Regel, nämlich Beginn der Leichenstarre in den Muskeln des Kopfes und ihr Fortschreiten nach abwärts über den Körper. Die zeitliche Abfolge zeigt eine gewisse Regelmäßigkeit:

Beginn des Auftretens nach ca. 48 Stunden und Vollständigkeit nach spätestens 76 Stunden. Auch mit der Totenstarre liegt ein sicheres Todeszeichen vor.

Ein drittes sicheres Todeszeichen sind *Autolyse und Fäulnis*. Beide Zeichen zählen nicht zu den frühen Leichenveränderungen. Sie entstehen erst später. Unter einer Autolyse verstehen wir die Selbstauflösung des Organismus durch die im Körper vorkommenden Fermente, also durch körpereigene Produkte. Bakterien spielen dabei keine Rolle, ebenso nicht der Sauerstoff. Bei der Fäulnis allerdings spielen die massenhaft im Körper lebenden Bakterien eine herausragende Rolle. Nach dem Zusammenbruch der körperlichen Schutzfunktionen können sie sich ungehemmt vermehren und ausbreiten. Sie finden außerdem in der Blutbahn ein hervorragendes Nahrungsangebot. Häufig setzen dabei die Bakterien durch ihren Stoffwechsel Schwefel frei, welcher mit dem roten Blutfarbstoff (=Hämoglobin) eine Verbindung eingeht und diesen dann grün erscheinen lässt. Die durch Fäulnis bedingte Grünverfärbung der Haut beginnt meist am rechten Unterbauch. Dies deshalb, weil der dort liegende Dickdarmanteil (=Coecum) besonders stark mit Bakterien besetzt ist. Normalerweise beginnt diese Grünverfärbung unter Raumtemperatur nach ca. 24 Stunden. Nach und nach verfärbt sich die ganze Hautdecke grün-schwarz, es kommt zum Sichtbarwerden des Venennetzes, zur Ablösung der Haut und zur Fäulnisgasbildung.

Frühe Leichenveränderungen und Autolyse samt Fäulnis verlaufen gesetzmäßig und haben einen Aufräumeffekt. Wir haben gesehen, dass bezüglich des zeitlichen Ablaufs deutliche Unterschiede auftreten können, dass es ein gestaffeltes Absterben der Gewebe und Organe gibt, also eine *Absterbeordnung*. Diese zeigt sich auch in den sogenannten *supravitalen Erscheinungen,* also solchen, die außerhalb der Lebensphysiologie liegen. Dazu gehört die Reizbarkeit der Muskulatur durch Schlag mit einem Reflexhammer oder auch mittels elektrischen Stroms. Am Muskel lassen sich diese Zeichen bis zu 5 Stunden nach Todeseintritt auslösen. Zu den supravitalen Reaktionen zählen auch die Pupillenreaktionen am Auge. Mit verschiedenen Arzneimitteln ist eine Reizung und somit eine Pupillenreaktion an der Leiche möglich, und zwar bis zu 15 Stunden nach Todeseintritt. Auch diese als *Absterbevorgang* geltende Phase ist nach spätestens 20 Stunden beendet. Erst dann ist der *biologische Tod* eingetreten. Es folgt der endgültige Abbau der Körpersubstanz, oben beschrieben durch Fäulnis und Autolyse. Die Substanz des Lebens in ihrem biologischen Reichtum zerfällt und es bleibt davon auf Dauer nichts mehr übrig. Leben (=Bios) ist abgeschlossen, zum endgültigen Ende gelangt, unwiederbringlich zerstört, aufgelöst und aufgeräumt.

Somit könnte man den Tod auch als eine biologische Notwendigkeit für die sich fortentwickelnde Biologie des Lebens ansehen. Die Nachkommen brauchen für ihre Lebensentwicklung den Tod ihrer

Vorfahren. Dies ist die Vernunft der Biologie des Lebens. Aber gibt es auch eine Vernunft des das Individuum vernichtenden Todes? Der Tod also einerseits als biologisches Phänomen, andererseits als Vernunftsphänomen individuell für den Betroffenen. Es stellt sich die Frage, ob diese vernünftige Biologie des Todes auch eine geistige Vernunft hat, ob wir also bereit sind, eine supravitale Existenz für möglich, ja für notwendig zu halten. Oder aber die berechtigte Frage zu stellen, ob Leben sich nur durch ein Ende weiterentwickeln kann. Könnte denn nicht, wie gefordert, Leben ewig dauern? Warum muss Leben beendet werden? Warum ist das Leben häufig so erschreckend kurz? Ist dies wirklich immer eine biologische Notwendigkeit?

Daher noch einige Gedanken zum unabänderlichen Lebensende. Warum muss es zum Ende kommen? Denn der *Kampf gegen das Ende*, der Kampf gegen den Tod, ist wesentlich mit dem Menschen verbunden, seit es ihn gibt, bis heute. Sicherlich, aus menschlicher, medizinischer, sozialer und theologischer Sicht ist der Tod mit seinem Totalabbruch all dessen, was den Menschen als Beziehungswesen ausmacht, grausam, furchterregend, lähmend, unverständlich, ein absolutes Nein, ein festgelegter Endpunkt, bereits in den lebenden Strukturen, den Formen und Funktionen angelegt. So zeigen Zellkulturen von Bindegewebszellen (Fibroblastenmassenkulturen), die unter optimalen Ernährungsbedingungen gehalten werden, nur eine begrenzte Teilungsfähigkeit; nach ca. 40 Zellteilungen sterben sie ab, erfahren eine Apoptose. Im Gegensatz dazu zeigen Geschwulstzellen bei bösartigem Wachstum ein permanentes Wachstum und eine unendliche Zellteilung. Es ist dies also ein Zellwachstum außerhalb jeglicher biologischen Regel, ohne Vernunft, ohne sinnvolle Kooperation. Ein solches unreguliertes Wachstum ist gefährlich und wirkt zerstörend.

Und gegen dieses endgültige Ende, gegen den Punkt ohne Umkehr, gegen den Tod, wendet sich der Mensch, seit es ihn gibt. Als Seiender in Zeit und Raum muss er sich auflehnen gegen das *summum malum*, jenes größte und grausamste Übel des Seins, also gegen den Tod, gegen die Aufhebung des Seins. Hat er aber in diesem Widerstand gegen das Ende eine Chance, wie wird der Kampf enden? Dieser Kampf gegen das Ende wurde schon zu Beginn der Menschheitsgeschichte aufgenommen. Die älteste Dichtung, die wir kennen, berichtet davon, nämlich das Gilgamesch-Epos. Dieses Epos ist ca. 4500 Jahre alt und erzählt die Geschichte des sagenhaften Königs Gilgamesch von Uruk. Er war ein Held seiner Zeit, vermochte die unglaublichsten Dinge und versuchte, dem zu wehren, was alle seine Kräfte, Leistungen und seine Intelligenz zunichte machen könnte, nämlich dem Ende, dem Tod. Er musste doch etwas finden, was dieses Übel der Übel besiegt. So nahm er viele Prüfungen auf sich, die er erfolgreich bestand. Doch seine Klage blieb bestehen. „Wohin ich auch gehe, dort ist der Tod!“ Sein Kampf ging weiter und schien schließlich erfolgreich zu sein. Auf dem Meeresgrund hatte er eine Pflanze gefunden, die ewige Jugend gewährte. Gilgamesch war am Ziel der Ziele angelangt: ewige Jugend und die Überwindung des Todes schienen greifbar. Doch plötzlich erschien eine Schlange und fraß die Blume der ewigen Jugend auf. Nahe am Ziel, aber dennoch das Ziel nicht erreicht: das Ende, der Tod bleibt. Diese erste Geschichte der Menschheit ist aktuell bis zum heutigen Tag.

Auch heute mühen wir uns unendlich, dem drohenden Tod zu entgehen. Der Mensch von heute geht auch „bis ans Ende der Welt“. Chinesische und indische Medizin, Heil versprechende Pflanzen und Wurzeln, Vertrauen in die Wirksamkeit verschiedener Heilmethoden prägen viele Menschen in ihrer Sehnsucht nach bleibendem Leben. Und auch die medizinische Forschung in Diagnose und Therapie mag vergleichbar sein mit jener Pflanze auf dem Meeresgrund, die ewige Jugend verspricht. Es werden täglich erstaunliche therapeutische Fortschritte gemacht. Denken wir nur an neue Therapiemöglichkeiten durch sogenannte Biologicals, auch Biologics oder biological response modifiers (BRM) bezeichnet. Diese neue Medikamentengruppe umfasst bio- bzw. gentechnologische, komplexe Proteine, die identisch mit natürlichen körpereigenen Substanzen oder diesen zumindest sehr ähnlich sind. Dazu zählen vorwiegend die monoklonalen Antiköper (MAK). Sie heißen monoklonal, weil sie aus einer einzigen Ursprungszelle, den B-Lymphozyten, stammen und mit diesen nach Struktur und Funktion identisch sind. Neben diesen Biologicals werden heute besonders in der Onkologie sogenannte „kleine Moleküle“ eingesetzt, „small molecules“. Diese maßgeschneiderten kleinen Moleküle wirken auf der Ebene der Zellen, sie greifen in den zellulären Stoffwechsel ein. Und dies mit erstaunlich positiver Wirkung. Krankheiten mit früher schnellem, tödlichem Ausgang können auf dieser Grundlage heute im Verlauf verzögert, z.T. geheilt werden. Auch wird zunehmend klar, dass Krankheiten beginnen und ablaufen in den kleinsten Bauteilen des menschlichen Körpers, in den Zellen.

Die Grundlagenforschung widmet sich daher heute hauptsächlich den zellulären Vorgängen und den molekulargenetischen Steuerungen im Kleinsten. Pathologie ist zu einem wesentlichen Teil molekulare Pathologie, Pathologie der fehlerhaften Steuerung. Große, mit Teilerfolgen versehene Anstrengungen sind festzustellen, auch in Messmethoden und raffinierteren technischen Apparaturen finden sich Möglichkeiten der Krankheitserkennung, ihrer morphologischen Sicherung und Überwachung. All diese gefundenen Heilmöglichkeiten und Heilmittel scheinen uns dem uralten Traum, wie er schon vor 4500 Jahren im Gilgamesch-Epos geträumt wurde, näher zu bringen. Damals war es die Schlange, die am Grunde des Meeres den Erfolg zunichte machte. Heute haben wir eine Verlängerung des Lebens, auch Heilerfolge bei Krankheiten, die noch vor wenigen

Jahren schnell tödlich verliefen. Wie viele Menschen gehen dankbar aus dem Sprechzimmer des Arztes und aus der Klinik heim. Sie haben Hilfe erfahren, sie dürfen noch einmal leben. Wie befreiend und dankbar wird es angenommen: ein Geschenk und ein Segen für den Menschen und die Menschheit, wenn Gesundheit wieder erlangt wird. So kann Leben, vielleicht viele Male, wiedergewonnen und erhalten werden. Aber es ist immer nur ein Sieg auf Zeit. Das Leben geht schließlich doch verloren und die mythische Schlange von damals frisst die Blüte des Lebens auch heute noch auf. Trotz aller Bemühungen, trotz aller Erfolge, trotz aller immer wieder verblüffenden Möglichkeiten: der Tod ist mächtiger. Und auch nicht der Hinweis, dass er eben zum Leben gehöre, macht ihn leichter, ertragbarer, einsichtiger und freundlicher. Er ist jene zweideutige, unbesiegbare, furchtbare Größe, das Ende ohne Wiederkehr.

Befassen wir uns noch einmal mit den Ursachen des Todes, der *Todes-Ätiologie*. Dabei sind zwei Arten zu bedenken, nämlich äußere Bedingungen und innere Bedingungen, die das Leben beschränken. Zu den äußeren Bedingungen zählen Zellen- und Gewebszerstörungen durch verschiedene Einflüsse, wie mechanische-physikalische, chemische, elektrische, Wärme (Hitze), Kälte, Auseinandersetzung des Organismus mit Erregern (Infektiologie), Umweltschäden. Diese äußeren Einflüsse auf Krankheit und Tod sind zum Teil steuerbar, beeinflussbar, vermeidbar und heilbar. Gerade auch bei äußerer

Gewalteinwirkung auf den Körper sind die Methoden der erfolgreichen Behandlung immer schonender entwickelt und verfeinert worden, bedenke man nur die Erfolge in vielen Spezialgebieten, auch der Wiederherstellungschirurgie. Aber auch dabei gilt: es sind beglückende Erfolge, aber für das Ganze Erfolge auf Zeit.

Das gilt auch für die inneren Bedingungen, die große Gruppe der inneren Krankheiten, deren Ursachen wieder ganz verschieden sind, deren Schwerpunkt und krankhafte Veränderung aber recht häufig wieder in den kleinsten Strukturen zu finden sind, den Genen und in den molekularen Bausteinen. Und diese Bausteine des Lebensprogramms beinhalten neben dem Lebensprogramm gleichzeitig ein Programm zum Tode. Leben und Lebenserhalt ist also immer nur auf Zeit möglich. Immer so weiter, ohne Ende, ist in unserem Leben, unseren biologischen Strukturen nicht möglich. Das biologische Grundgesetz „Leben und Lebensende“ ist daher nicht zu umgehen oder mit Fleiß und Erkenntnis zu meistern, ist somit auch kein Zufall oder ein Unfall im Leben, vielmehr Notwendigkeit.

Aber auch die Notwendigkeit lässt sich hinterfragen: notwendig wofür, notwendig wozu? Was wird erreicht durch die Notwendigkeit des Todes? In der Notwendigkeit des Todes muss dann wohl auch ein Sinn, ein Prinzip liegen. Bisher hatten wir den Tod eher als einen schrecklichen, Angst und Furcht auslösenden, dem Leben zuwiderlaufenden, sinnlosen Vorgang angesehen. Es geht hier aber auch um den Sinn des Nichtseins in der Lehre vom Leben, der Biologie. Das Ende, das Nichtsein, der Tod schafft Raum, und zwar schon im Leben der Individuen für Andere und für Jüngere. Neben dem Lebensraum ist aber auch das Wesen, die Art und Weise des Lebens betroffen. Änderungen, Anpassungen und Entwicklungen können sich nur im immer wieder neuen, unverbrauchten Leben niederschlagen, das Leben somit verbessern und entwickeln. Und damit hat der Tod für das Leben der Nachkommenden eine positive Funktion. Der Tod dient somit der Biologie des Lebens. Und damit ist dem Tod bei allen Schrecknissen und bei aller Bitterkeit ein Dienst am Leben zuzuschreiben. Dies allerdings unter der unabdingbaren Voraussetzung, dass der Erhalt des Lebens, der Dienst zum Leben, die lebenserhaltende Verantwortung für das Leben, das Ethos zum Leben das alles überragende Lebensprinzip bleibt.

Es bleibt also beim erfolglosen Bemühen, die ewige Jugend zu erlangen, wissend, dass sie schlussendlich nur über den Tod und seinen tieferen Sinn zum Leben zu erlangen ist. Der Tod birgt also für den Nachkommenden das Leben. Es ist dies eine Grunderkenntnis der Biologie und hat zunächst nichts zu tun mit der Interpretation des Todes aus philosophischer oder theologischer Sicht. Der Weg geht also vom Zelltod über den Gewebstod bis zum Gesamttod des Organismus. Ein endgültiger Ausweg war nie in Sicht und ihn wird es nie geben, zumindest nicht in diesem biologisch-medizinischen Geschehen unseres gelebten Lebens.

III. Was bedeutet „zum“?

Eine sinnvolle Verbindung zwischen Reden und Ende soll das Wörtchen „*zum*“ sein. Sprachlich-grammatikalisch handelt es sich bei diesem Wort „zum“ um ein Verhältniswort, eine Präposition. Reden und Ende sind also in ein Verhältnis zueinander gesetzt, sie beeinflussen sich, ja sie sind durch dieses Verhältniswort inhaltlich voneinander abhängig. Das Wort „zum“ hat hier eine ganz besondere Bedeutung. Wäre es nicht möglich, durch ein gängigeres, gefälligeres Verhältniswort diese beiden Begriffe zu verbinden, nicht unbedingt durch das etwas kantige Wort „*zum*“? Man könnte doch etwas fließender sagen „über“ oder „am“ oder „gegen“. Ja, das wäre möglich, würde aber das personale Spannungsfeld zwischen Reden und Ende nicht aufbauen. Wer „über“ oder „am“ Ende oder „gegen“ das Ende spricht, kann zwar inhaltlich tief und richtig und ausführlich sprechen, aber er steht neben der Spannungssituation, die Reden und Ende verbindet. Er hat sich zwar über die Problematik ausreichend Gedanken gemacht, hat sie vertieft und erwogen, aber ist eben nicht Betroffener. Seine persönliche Situation ist mehr die Rolle des erwägenden Betrachters, nicht dessen, der im direkten Spannungsfeld, zwischen den beiden Polen, steht. Nein, wer über das Ende oder am Ende redet, der steht daneben, wer zum Ende redet, der steht mitten drin. Und deshalb wird die Rede dessen, der zum Ende redet, echter, tiefer, authentischer und überzeugender sein, denn sie konzentriert sich und lebt ausschließlich aus diesem Spannungsverhältnis, welches die Mitte des Menschen trifft. Es geht nur noch um das zumindest empfundene Wesentliche und Seins-Notwendige. Keine Abschweifungen mehr, der direkte Weg muss beschritten werden, Nebenwege und Nebenerwägungen wirken störend und unsachlich. Der „Zum-Ende-Redende“ stellt also nicht nur Erwägungen an, er enthüllt Erkenntnisse, Erwartungen, Befürchtungen, Überzeugungen, Wahrheiten, Sicherheiten und Gewissheiten. Es ist wie in der Biologie des Endes, am Punkt ohne Umkehr, es geht um den Mittelpunkt, um die Sache an sich, um den Kern, im Ende um die Wahrheit. Das Wörtchen „zum“ ist also der Weg zur Wahrheit, zur Lebenswahrheit. Und wann könnte diese Wahrheit notwendiger sein als eben gerade am Ende, und zwar deshalb, weil die Wahrheit das Ende gleich einer Brücke überspannt. Das ideale Bindewort, so sehen wir, zwischen „Reden“ und „Ende“ ist also „zum“. Ist doch der Mensch in seinem Leben stets ein Suchender, ein Suchender nach vielen Dingen und Erfüllungen, kurzfristigen und langfristigen, aber eben im Laufe des Lebens in verschiedenen Intensitäten ein Suchender nach Wahrheit. Und je mehr ein Ende am Horizont des Lebens aufscheint, umso mehr setzt sich die Suche nach Wahrheit durch, die Wahrheit als einem Anker, der auch am Ende in eine Zukunft weist.

Doch ganz verschieden können diese Reden zum Ende sein. Das „Zum“ als Zusammenfassung des Lebenssinnes kann mit wenig oder viel Inhalt aus dem bisherigen Leben, mit Einsichten aus gutem und bösem Erleben, mit Erkenntnissen und Weisheiten, mit Aufbauendem und Zerstörendem gefüllt sein.

Dieses Reden „zum“ Ende hatte ich, selbst Patient, miterlebt in einer großen Neurologischen Universitätsklinik. Da war ein ca. 55jähriger Patient, schwer erkrankt, moribund und mit infauster Prognose. Am vorausgehenden Tag war eine Punktion des Rückenmarkskanals durchgeführt worden (sog. Lumbalpunktion). Jetzt klagt der Patient über Brechreiz und Erbrechen, vor allem beim Versuch, Nahrung zu sich zu nehmen. Die Diagnose bei dem Patienten ist eindeutig, die therapeutischen Möglichkeiten, auch einer neurologischen Spitzenklinik, sind erschöpft, und die Entlassung aus der stationären Behandlung steht bevor. Freundlich versucht der Stationsarzt dem Patienten, seinem anwesenden Sohn und vier weiteren Angehörigen die medizinische Lage zu erklären und vom Patienten selbst sowie den anwesenden Verwandten Einsicht zu erlangen für die Entlassung aus der Klinik. Der Patient wehrt sich zunächst dagegen. „Ich muss aber immer kotzen, schon beim ersten Bissen. – Woher kommt das?“ Der Stationsarzt meint einen Zusammenhang zwischen Erbrechen und der stattgefundenen Lumbalpunktion zu sehen. Darauf der Patient: „Ich hab‘ aber schon vorher immer gekotzt!“ „Ja, dann dürfte es wohl im Zusammenhang stehen mit Ihrer schweren Erkrankung“, gibt der Arzt zu bedenken. Bei aller Diskussion: der Patient soll in den nächsten Tagen entlassen werden. Ja, wohin denn? Zu Hause ist der Schwerkranke nicht ausreichend versorgt. Jetzt wird eine Verlegung ins zuständige Kreiskrankenhaus erwogen. Doch bald treten Bedenken des Arztes bezüglich einer weiteren Klinikbehandlung auf, da bei dem bedauernswerten Patienten Diagnostik und Therapie abgeschlossen und erschöpft sind. Der Stationsarzt ringt sichtlich nach einer Lösung seiner schweren Aufgabe. Er findet einen Ausweg! Die richtige Adresse wäre das Pflegeheim. Die diskutierenden Angehörigen wären damit einverstanden, der Patient noch nicht, doch das eigentliche Problem ist die Finanzierung dieser Institution. Also: wer bezahlt das alles? Sonst könnte man mit diesem Vorschlag einverstanden sein. Diskussionen über das Für und Wider folgen unter allen Beteiligten. Für den Arzt gibt es jetzt einen Ausweg. Er erklärt freundlich, für die Verlegung ins Pflegeheim nicht zuständig zu sein, da müsse eine sozialpädagogische Beratung erfolgen und er würde dafür Sorge tragen, dass die Sozialpädagogin alsbald vorbeikomme, um die Situation zu klären und das richtige Pflegeheim auszusuchen. Freundlich und erleichtert verabschiedet sich der Stationsarzt. Die Diskussion unter den Angehörigen geht weiter. Jetzt meldet sich der Patient zum ersten Mal zu Wort und erklärt: „Ich will in die Schweiz!“ „Ja, warum denn in die Schweiz“, fragen die Verwandten. „Ich will in die Schweiz zum Abschalten“ erklärt er. Diese Äußerung wird übergangen. Es scheint, niemand hat die Aussage des Patienten begriffen. Denn offenbar hatte er den Wunsch geäußert, in die Schweiz zu reisen, dort die Institution „Dignitas, menschwürdig leben, menschenwürdig sterben“, aufzusuchen, um durch die Möglichkeit der Sterbehilfe sein Leben zu beenden. Mit der daraus sprechenden inneren Not, Verzweiflung und Ausweglosigkeit war jedoch der schwerkranke Patient allein, unverstanden, verlassen. Eine aggressive Stimmung baut sich für alle Beteiligten auf. Die vorausgegangene, klare, bestimmte und laute Äußerung des Patienten wird nicht beachtet. Jetzt kommt die erwartete Sozialpädagogin. Sie wird von den Verwandten freundlich begrüßt. Es wird diskutiert über die Möglichkeit der Unterbringung im Alten- und Pflegeheim. Schließlich kommt man zum Schluss, dass diese Institution wohl doch nicht die richtige sei, auch in Anbetracht des noch „jungen Alters“ des Patienten. Was tun? Auch die Sozialpädagogin weiß, dass der Aufenthalt in der Universitätsklinik beendet werden soll. Und sie kommt auf einen neuen, rettenden Gedanken. Nicht das Alten- und Pflegeheim ist der richtige Ort, sondern eine Institution für palliative Medizin, ein Hospiz. Sicherlich: solche Einrichtungen für kranke Menschen am Ende ihres Lebens sind nicht hoch genug einzuschätzen in ihrer wichtigen Funktion der Begleitung und Schmerzbekämpfung am zuendegehenden Leben. Ein solches Hospiz sollte es sein. Der Patient äußert sich nicht, die Angehörigen sind skeptisch. Doch der freundlichen Sozialpädagogin fällt noch etwas ein, was – wie sie meint – recht eindeutig für ein solches Hospiz spräche. Und zwar will sie überzeugen mit dem Argument: in solchen Hospizen bestünden weitere und andere, bisher nicht genützte Möglichkeiten der medizinischen Therapie, nämlich der Alternativmedizin und der Homöopathie. Damit, so meint sie, können so schlimme Krankheitsprozesse wie beim Patienten oft zum Stillstand gebracht und der Gesundheitszustand des Patienten, ein Zustand zum Ende, gebessert und gefestigt werden. Solche neuen Möglichkeiten sollte man doch noch nützen. Jetzt sind fast alle einverstanden. Doch wieder meldet sich der Patient selbst mit klaren Worten: „Ich will in die Schweiz zum Abschalten!“ Wieder bleibt die Aussage des Patienten ungehört. Stattdessen der Hinweis auf die noch nicht genützten therapeutischen Möglichkeiten des Hospizes. Doch diese neue Einsicht der Anwesenden ist teuer erkauft, nämlich mit einer Lüge. Denn die Sozialpädagogin einer Universitätsklinik weiß, dass einem sterbenden Patienten eine homöopathische Therapie weder zum Stillstand des bösartigen Zellwachstums noch gar zur Heilung helfen kann. Trotzdem bemüht sie diese Argumente zur Erreichung ihres Auftrages, den Patienten aus der Klinik zu entlassen, und dies auf menschlich anständige Weise. Doch leider macht sie das Gegenteil! Und der Patient reagiert in seiner Verzweiflung mit der Äußerung seiner Sehnsucht nach Ende, auch mit einem selbst herbeigeführten Ende. Doch über das Ende wird nicht gesprochen. Das „Zum“, also die schwere, unmittelbare Betroffenheit, Ratlosigkeit, Verzweiflung wird nicht begriffen.

Doch: was äußert dieser im „Zum“ Betroffene, der darin Gefangene, in seiner individuellen Rede? Soll er nach den Erwartungen seiner Umwelt, seiner Bildung, seiner Weltanschauung reagieren? In dieser letzten Lebenssituation, einem wichtigen Lebensabschnitt, ist alles Geschehen, Empfinden, alles Erwarten und Hoffen gebündelt und konzentriert auf den Menschen, der in diesem „Zum“ steht. Im Leben Wichtiges, wie Anerkennung, Erfolg, Argumentationen und Überzeugungen verlieren an Gewicht. Bisher Beachtetes und Lebenswichtiges kann absteigen bis zur Bedeutungslosigkeit. Es geht jetzt dem Menschen offenbar um etwas anderes. Aber: um was geht es denn und wie ist die Rede davon? An dieser Stelle, es ist wieder der nahende „Punkt ohne Umkehr“, kann der Betroffene nur ein wesenhaftes Stück seiner Lebensgeschichte, seiner geistigen Inhalte ausdrücken, und mit dieser seiner Rede Verwunderung oder auch Versöhnung ausstrahlen. Ist die letzte Rede gezeichnet von Fluch, Anklage, Unflätigkeiten, Rohheiten und Aggressionen, so kann eine solche geistige Umgebung nicht der Stille, der Ruhe und der Versöhnung dienen. Auch hier ist das letzte Reden eine Art Kopie des gelebten Lebens. Auch das Gegenteil davon, nämlich Ruhe, Gelassenheit, Einverständnis und Versöhnung mit dem jetzt zu Ende gehenden Lebensweg, ist eine Kopie des gelebten Lebens. Auf dem letzten Weg, vom „Zum“ ergriffen, unausweichlich und unabwendbar, wird noch einmal der wesentliche Inhalt des Lebens sichtbar, hörbar, spürbar, eines Lebens, wie es war, welche Inhalte, welche Beständigkeiten gepflegt und gelebt wurden, ein komprimierter, wichtiger Lebensabschnitt also, entstehend aus dem „zum“, geprägt von eigenen Lebensinhalten. Diese Lebensinhalte weisen auch auf Verantwortlichkeiten hin. Denn Verantwortung zu übernehmen ist ein hauptsächlicher Inhalt menschlichen Lebens und zwischenmenschlicher Beziehung. Am Ende also kommt das Reden aus dem Ich und aus der Gemeinschaft des Ich, aus der Umgebung der Menschen, die einem nahe sind, für die man Verantwortung trägt. Das Reden ist also ein Konzentrat aus dem gelebten Leben, das sich hier noch einmal verdichtet. Und daraus entstehen auch die verschiedenen Arten des Redens zum Ende. Sie sollen hier nicht einer ethischen, logischen, menschlichen oder religiösen Wertung unterzogen werden. Denn solche Wertungen auf der „Endstrecke“ greifen zu kurz. Was wissen wir schon von den Entstehungsbedingungen dieses Redens zum Ende? Denn die Inhalte des Redens zum Ende hängen auch ab von den gegebenen und geübten Anlagen und Fähigkeiten zum Reden. Sie sind aber nicht nur ein Ausfluss von Begabung, von Anlagen, deren Ausübung und Weiterbildung, nein sie nähren sich eben auch von geistigen Inhalten. Dass aber dieses Reden im Wesentlichen ein Reden des Gebildeten sein soll, darf nicht angenommen werden. Das Reden zum Ende ist keine Bildungsfrage, vielmehr eine Frage der

Betroffenheit im Spannungsfeld zum Ende. Es geht hier nicht mehr um kluge und durchaus auch richtige und nachvollziehbare Rede, nicht um erlebte und geoffenbarte Weisheiten, nein, es geht um das Darlegen, die Äußerung über Befinden, Befindlichkeit, Lebenshoffnung, Sinnhorizonte oder deren Verneinung und Vernichtung für den am Ende Redenden. Es kommt nicht auf eine noch so kluge und exakte Formulierung an, sondern vielleicht um ein mühsames Stöhnen angesichts des endgültigen Abbruchs und der Lebensvernichtung. Und es leuchtet in diese letzte Lebensphase etwas hinein aus dem gelebten Leben, seinen Erwartungen, Hoffnungen und Zielen, etwas über Anschauungen, geistige Bindungen und transzendentale Einsichten, welche durchaus verschieden sein können. Es geht in dieser „Zum-Phase" nicht mehr um wissenschaftliche Erkenntnisse, um Annahmen, Wahrscheinlichkeiten, Sicherheiten oder deren Verneinungen, gar um wissenschaftliche Beweisführungen. Auch letztere sind für den Scheidenden nicht mehr von Bedeutung, weil ja gerade ein Abschied von dieser Ebene bevorsteht. Im obengenannten Beispiel war die Aussage kurz und bündig aber unverstanden. „Ich will in die Schweiz zum Abschalten!" Also als letzte Wahrheit in der Zum-Situation der Wunsch zur möglichst schnellen Hilfe zur Beendung dieses jetzt gelebten Lebens. Die letzte und endgültige Wahrheit also: das Ende, das Aufhören, die Suche des Nichts. Nichts als letzte Wahrheit. Doch auch eine Vielzahl von anderen Reaktions- und Redemöglichkeiten tun sich angesichts dieses Spiegels der Wahrheit auf, immer abhängig von den gelebten, bisherigen Lebensinhalten, Prägungen, Erfahrungen, Lebenswegen und Einsichten. Das Leben als Inhalt bündelt sich also in der „Zum-Reaktion“. Und dabei geht es um die Wahrheit, die letzte und endgültige Wahrheit. Mensch und Wahrheit also ist das Wesentliche, um das es geht. Leben ist vollendet, beendet, biologisch-physiologische Funktionen abgebrochen. Abbruch bedeutet auch Zerstörung. Das spürt der Sterbende. Bedeutet Abbruch aber auch Bewahrung? Das wird zur Kardinalsfrage. Schwierig würde es sicher dann, wenn der Abbruch vorzeitig und selbständig durchgeführt wird. Denn beim vorzeitigen Abbruch könnte es sein, dass die individuelle Vollendung noch gar nicht erreicht ist. Damit wäre auch eine Zukunftsperspektive vertan. Aus einer gewiss schweren Lebenssituation diesen Schluss zum Ende zu ziehen und aktiv das Leben zu beenden, macht auch mögliche Chancen zunichte. Denn eine menschlich schwierige Situation kann nicht durch Löschung des Lebens gelöst werden. Wahrhaftigkeit ist wieder das Lebensprinzip, in der letzten Lebensphase wird sie unabdingbar. Und die Begleiter in dieser Lebensphase sind ihr unbedingt verpflichtet.

Allerdings gibt es in diesem letzten Lebensabschnitt auch Verläufe, die ein Reden zum Ende unmöglich machen, nicht weil der Mensch dies nicht will, nein, weil er nicht kann. So kann dieser letzte Lebensabschnitt fehlen bei einem schnellen, überraschenden, einem plötzlichen Tod, manche sagen auch einem Tod „wie aus heiterem

Himmel“ und wollen damit ein völlig unvorhersehbares und plötzliches Ereignis andeuten, ein plötzlicher Kontrapunkt zum Leben, wo vorher noch alles heiter war. Es wäre somit ein Ende ohne den Lebensvorgang „Sterben“, gleichsam aus der gefühlten, gelebten und empfundenen Gesundheit, einem umfassenden Wohlbefinden, der Absturz zum Tod. Solche Ereignisse überraschen uns immer wieder, machen uns ratlos und fassungslos. Es liegen einem solchen bestürzenden Geschehen aus medizinischer Sicht meist wenige, vom Betroffenen in ihrem Entstehen nicht bemerkte Ereignisse zugrunde. Solche sind:

Der Herzinfarkt: ein solcher kann schnell und unmittelbar tödlich sein, der Betroffene braucht von dem Vorliegen einer koronaren Herzkrankheit nichts bemerkt haben. Ist das Reizbildungs- und Reizleitungssystem in den Infarkt einbezogen, dann ist oft ein schnelles, tödliches Ende die Folge.

Die Lungenarterien-Embolie: ein häufiges Geschehen, häufig dramatisch-tödlich. Eine Lungenarterien-Embolie kann klinisch stumm, also unmerklich, verlaufen. Sie kann aber auch, je nach Größe des zum Verschluss führenden Thrombus, zum akuten und schnellen Rechtsherzstillstand und zum plötzlichen Ende führen, unerwartet und schrecklich.

Der Hirnschlag: sofern dieser als Hirnblutung abläuft, ist dies oft Grund für einen schnellen Tod, abhängig von der Lokalisation und der Menge das aus dem Gefäß ausgetretenen Blutes. Sind es über 60 Milliliter, sind die Aussichten des Überlebens äußerst schlecht. Glücklicherweise handelt es sich aber beim Hirnschlag meistens nicht um eine Blutung, sondern um das Gegenteil, nämlich den Gefäßverschluss und damit eine extrem verschlechterte oder gar unterbrochene Hirndurchblutung. Und dabei sind die Behandlungsaussichten deutlich verbessert unter der Voraussetzung eines schnellen Handelns. Schnell bedeutet in diesem Fall, dass der Patient innerhalb von 60-90 Minuten in der Klinik sein sollte zur genauen Diagnostik und Therapie-Einleitung.

Die Herzrhythmusstörung: Störungen der Herzschlagfolge, die wiederum ganz verschiedene Ursachen haben können, führen bisweilen zu einer verminderten bis aufgehobenen Pumpfunktion des Herzens, was mit dem Leben nicht vereinbar ist. So geschieht es gerade auch beim plötzlichen Tod junger Sportler. In den meisten Fällen liegt solchen tragischen und plötzlichen Todesfällen eine Rhythmusstörung zugrunde, die auf eine Herzmuskelerkrankung (Kardiomyopathie) zurückzuführen ist.

Die Myokarditis: eine Entzündung des Herzmuskels durch verschiedene Erreger oder toxische Substanzen, beispielsweise durch die Grippe-Viren. Im Verlaufe einer Grippe, man meint, sie überstanden zu haben, kann ein überraschender plötzlicher Tod eintreten, welcher pathologisch-anatomisch schließlich auf eine Myokarditis zurückzuführen ist und in den Herzrhythmus eingreift.

Blutungen bei Gefäßrupturen und Vorliegen eines Aneurysmas. Solche Gefäßveränderungen machen oft wenig oder keine Krankheitssymptome, steigern aber dadurch ihre Gefährlichkeit.

Unfälle, Gewalteinwirkungen und Vergiftungen: sie können ebenfalls schnell und plötzlich zu einem Funktionsversagen vitaler Organe und damit zum unerwarteten Ende führen.

Diese zum unmittelbaren Tod, zu einem Ende ohne Sterbephase, führenden Krankheiten und Ereignisse sind nicht selten. In solchen Fällen überholt der schnelle physische Tod den Lebensvorgang des Sterbens. Und dann ist zumindest in dieser fehlenden Phase ein Reden zum Ende nicht möglich.

Zu bedenken ist auch im normalen und gewünschten, von keiner Krankheit gezeichneten Leben, ein geistiges Erwägen, ein denkendes Sich-Einlassen mit der Situation des Endes. Damit wird gedanklich vom Ende her die Gegenwart betrachtet, erwogen und gewertet. Und aus dieser Situation wird sich eine Sichtweise ergeben, die eine andere Gewichtung all dessen, was den Tag ausmacht, hervorbringt. Was ist angesichts des endgültigen Endes wichtig, was hat keine Bedeutung, welche Schwerpunkte im Tun und in der geistigen Bewältigung setze ich. Solche Erwägungen und Einlassungen sind durchaus in einen Vergleich zu setzen mit der im Mittelalter bekannten „ars moriendi“, der „Kunst des Sterbens“, also eines Lernens und Einübens der Sterbesituation. Eine solche „ars moriendi“ kann immer nur ein Versuch, vielleicht ein wichtiger und wertvoller, sein, denn das Eigentliche des Todes, der endgültige Abbruch kann eben nicht im Voraus gedacht, sondern nur in seiner Wesenhaftigkeit erlitten und zum Ende erlebt werden. Das durchaus nützliche Denken, Reden und Abwägen ist eine Übung zum Ende, aber eben nicht das Ende. Dennoch ist solches Verhalten sinnvoll für ein angstfreies Erleben dieser letzten Lebensphase. Und damit wird ein solches Ende eher zur akzeptablen Normalität. Mit dieser „Normalität“ ist sicherlich nicht Gleichgültigkeit oder Verharmlosung des Endes gemeint, dazu ist der Tod zu sehr und zu radikal der Feind des Lebens.

Möglich ist auch, dass das Ende gekennzeichnet ist ausschließlich durch Schweigen. Ist dieses Schweigen Zeichen des erwarteten Nichts, zu dem eben auch nichts mehr zu sagen ist? Somit ein leidvolles, unbegreifliches Verstummen vor dem erlösenden Nichts? Was kann man in dieser Situation auch sagen? In dieser Endsituation, in diesem Spannungsfeld vom Sein zum Nichtsein, zu verstummen und eben nichts mehr zu sagen, kann durchaus mit einem spannungsvollen und heftigen inneren Reden verbunden sein. In dieser Endsituation wird vieles unscharf, für den menschlichen Verstand unklar, bleibt aber bei aller Verschiedenheit im erlebbaren Äußeren dennoch eine verborgene, zum Menschen gehörende Reaktion auf das Wissen und Spüren des Endes. Das gespürte Ende ruft im Sterbenden möglicherweise ein tiefes Schweigen, eine Stille hervor als Reaktion auf die Frage nach der Wahrheit. Damit könnte das Schweigen auch ein inneres Reden sein, ein innerer Kampf um Wahrheit.

Die Zum-Situationen sind also vielfältig ausgeprägt. Ihnen allen ist aber ein tiefer Ernst eigen; der Ernst des Lebens verdichtet und reinigt sich hier noch ein letztes Mal im Blick zurück. Der Blick nach vorne ist unklar und jenseits des menschlichen Denkvermögens.

„Zum" hatten wir anfangs als Verhältniswort definiert, hatten dann gesehen, wie es im Verhältnis von Reden und Ende eine wichtige Verbindung schlägt, weil es Betroffenheit und Richtung vorgibt. Nicht irgendjemand steht in diesem „Zum", nein das „Ich" ist hier ohne die Möglichkeit des Ausweichens gefordert. Und so wird das richtungsweisende „Zum" so wichtig wie das Reden und das Ende. Alle drei Worte stehen gleichberechtigt nebeneinander, unverrückbar, schwer, mit vielen Inhalten, sie können wie festgefügte Steine eines

Bauwerkes nicht mehr bewegt und verortet werden. Sie sind jetzt endgültig fest, Veränderung unmöglich!

Das *Fehlen der zum Ende führenden Lebenszeit* durch Krankheiten mit Störung bzw. Aufhebung des Bewusstseins oder durch das Eintreten eines überraschend schnellen Todes, wie oben beschrieben, ist denn auch das Fehlen eines Lebensabschnittes. Dieser jetzt fehlende Lebensabschnitt wird meist als besonders schwer, belastend, grausam und angstbesetzt angesehen. Eigentlich könnte man gut auf ihn verzichten, er gehört nicht mehr zum wünschenswerten Leben. Und deshalb würde, sofern Wünsche real und erlaubt sind, die Mehrzahl der Menschen gerne diesen Lebensabschnitt abschaffen. Wünschenswert wäre ein schneller Todeseintritt im hohen Alter. Solche Wünsche werden oft geäußert. Diesem verständlichen Wunsche kommt auch die Möglichkeit der *aktiven Sterbehilfe* entgegen. Wenn es schwer wird, wenn kein Sinn mehr durchscheint, dann mache ich als Betroffener selbst Schluss unter Zuhilfenahme einer Institution wie Dignitas in der Schweiz oder auch eventuell eines Arztes, der mir dann auch gleichzeitig ein guter Freund sein muss. Und zwar deshalb, weil nur ein guter Freund diese allerschwerste innere Not der Ausweglosigkeit erkennen und erleben kann. Dennoch wird damit vom Betroffenen ein Abschnitt seines Lebens abgerissen, beendet, dem physiologischen und pathologischen Ablauf ein Ende gesetzt. Eine solch schwere Entscheidung als unmoralisch zu diskreditieren, würde ihrer leidvollen Schwere nicht gerecht. Ist sie aber auch richtig und zwingend? Denn auch bei allem erlittenen Erleben einer Situation zum Ende ist damit nicht zwingend verbunden die Sinnlosigkeit, der sichere Unsinn, die unzweifelhafte Negation. Geistig durchaus möglich wäre auch da, ein kleines Vielleicht (ein „peut-être") zu bedenken. Der Philosoph Ernst Bloch sprach immer wieder von dem „peut-être", vielleicht gibt es sie doch, jene Realität, die in der Religion zur Wahrheit und deshalb hier bedeutsam wird. Dieses Vielleicht zu bedenken, und zwar, und das ist besonders schwer, sowohl vom Betroffenen selbst als auch von den engen Begleitern, die der zum Ende hin Gehende hoffentlich hat. Kommunikation ist auch in dieser Lebensphase hilfreich, hilfreich für den in dieser letzten Phase Stehenden wie auch für dessen Begleiter. Und gerade sie könnten dem „Vielleicht" Raum schaffen, Möglichkeiten offen halten und den selbstgewollten und selbstbewussten Abbruch hinauszögern oder verhindern. Hilfe braucht der Mensch in solchen und vielen anderen Situationen allemal, ihn allein in seinem Selbstbestimmungsrecht zurückzulassen, ist schädlich, vielleicht auch schändlich. Also gilt hier zuallererst: Hilfe und Begleitung vor Abbruch. Der Wunsch nach Abbruch wird besonders laut in der Einsamkeit des Betroffenen. Denn Krankheit, Leiden und Not machen einsam. Dass der Mensch in besonderer Weise auf menschliche Beziehungen angewiesen ist, er im Grunde als Beziehungswesen ohne solche nicht leben kann, wird ihm besonders in der erzwungenen

Passivität von Krankheit und Leiden bewusst. Und mit der Einsamkeit tritt schnell die Sinnlosigkeit, die Negation, die Wertlosigkeit des Seins ein, und eine Wertigkeit des Nichtseins wird angenommen, wenn alle Möglichkeiten zum Leben schlechter erscheinen als die Möglichkeit des Endes. Das Ende also als Erlösung, Erlösung von der Qual einsam sein zu müssen. So ist schon der allgemeine Rückzug aus der Beziehung zwischen Menschen dann, wenn diese aus Beruf und Arbeit ausscheiden, bemerkenswert, aber nicht zwingend notwendig. Schon im gesunden Leben macht ein solcher Abbruch Schwierigkeiten und bewirkt existentielle Fragen in dem Betroffenen. Früher, ja früher, da warteten viele Menschen darauf, mit mir fünf Minuten sprechen zu dürfen, waren bedacht auf meine Gedanken und Ratschläge. Und heute, ja heute, warte ich tagelang auf einen Telefonkontakt oder einen Besuch, und ich warte vergebens. Meine vielen Beziehungen zu den vielen Menschen, wo sind sie? Es ist also eine Beziehungsverarmung, die mich mit Krankheit und Leiden in die Enge treibt, eine Enge und Ausweglosigkeit, über die man nicht spricht, die als schicksalhafte Entwicklung und als notwendiges Ergebnis besonders von Alter und Krankheit angesehen wird. In diesem Lebensabschnitt also stehen auf der einen Seite die bedauerlich Betroffenen, auf der anderen Seite die Beziehungspersonen aus dem bisherigen Leben. Wo sind sie? Sind sie sprachlos geworden, sind sie unter geänderten äußeren Bedingungen beziehungslos? Ist der in die Einsamkeit Entlassene nur dem ein ernster und werter Beziehungspartner, wenn er Vorteile in Gesellschaft, Wirtschaft, Kultur und im täglichen Leben verspricht? Beziehung also als eine Vorteilsperspektive im Bemühen um eigene Lebensbewältigung? Oder hat die Beziehungsumwelt gedanklich oder tatsächliche Schwierigkeiten mit dem Betroffenen und seinen Lebensumständen? Vielerlei Fragen aus dem Beziehungsgemisch des Menschen entstehen. Leider werden sie vorwiegend nicht bearbeitet und besprochen sondern verdrängt und beiseite gelegt. Ein solches Verhalten kommt vor allem bei Einsamkeit im Zusammenhang mit Krankheit zum Tragen. Ja, den kranken Menschen soll man schonen, ihn nicht belasten, ihn deshalb auch nicht besuchen, er könnte das alles ja gar nicht wollen, er könnte sich überlastet und beschwert wähnen durch meine Gegenwart zur Kommunikation, also zum Gespräch. Das sind gedankliche Einlassungen, die niemandem fremd sind. Und sie sind dennoch falsch! Wir erliegen dabei falschen Annahmen und Erwägungen! Denn es muss klar werden, ein derartiges Abwägen lässt einen anderen Menschen in der Beziehungslosigkeit zurück bzw. verstärkt sie, oft ungewollt. Aber wie sollen wir handeln, auch in dieser letzten Situation, um es menschlich richtig und moralisch erwünscht zu machen? Auf keinen Fall kann gelten: Rückzug aus einer Verbindung. Statt dessen, auch unter erschwerten Bedingungen: Pflege der Beziehung durch persönliche Kontakte und entsprechenden Austausch. Verneinungen für solche wichtigen Beziehungen werden häufig von den Betroffenen selbst, von ihren

Angehörigen und auch insbesondere von der Umgebung vorgebracht, bisweilen auch entschuldigend dargestellt. Die dafür gegebenen Begründungen sind fast immer fadenscheinig und fragwürdig! Denn wie kann ein Mensch beziehungsreich begleitet werden, wenn er nicht ganz praktisch regelmäßig aufgesucht und Nähe hergestellt wird. Vor wenigen Jahren hatte ich es mit einem schwerkranken Patienten, einem guten Bekannten, zu tun. Die nächsten Angehörigen verboten Kontakte und Besuche, weil solche zu belastend und daher schädlich seien. Ich ahnte: das ist Ausflucht und Unsicherheit! Und ich tat das genaue Gegenteil des mir bekannt gewordenen Wunsches zur Schonung. Ich besuchte den Patienten ein viertel Jahr lang, bis zu seinem Tod, täglich, wirklich täglich, und zwar jeweils fünf bis zehn Minuten lang. Wir pflegten kurze und tiefe Gespräche. Als ich an einem Tag fehlte, weil ich auswärts einen Kongress besuchte, wurde ich vermisst, und der Betroffene fragte mich, wo ich denn bloß gewesen sei. Daraus ergibt sich, dass die Aussage zum Fernbleiben eigentlich falsch und dass im Gegenteil Nähe, Beziehungsnähe, gewünscht war. Seither höre ich auf solche Wünsche nicht mehr. Das „Zum“ am Ende lässt schnell das Sein im Jetzt und auch dessen Wahrhaftigkeit erkennen, wahrscheinlich deshalb, weil man in dieser Situation der Wahrheit nahe ist. Der Ernst des „Zum“ führt also zur Wahrheit und bündelt diese Wahrheit zur eindeutigen Erkenntnis. An diesem Prozess der Erkenntnis der Wahrheit beteiligt zu sein, ist somit für die Bezugspersonen die Quelle eines einmaligen geistigen

Reichtums. Seltsam ist allerdings, dass auf solchen Reichtum gewöhnlich verzichtet wird. Doch jeder kann, entsprechend seiner Erkenntnis, sein Handeln in solchen Situationen danach einrichten. Und er wird damit zu den Gewinnern gehören.

Das „Zum" als Verhältniswort also wird inhaltlich zur wichtigsten Verbindung zwischen Rede und Ende. Als „Straße der Erkenntnis" ist das „Zum" keine Einbahnstraße, vielmehr eine ungeheuer lebhaft befahrene Straße in beide Richtungen, in Richtung Rede und in Richtung Ende. Gedanken, Erkenntnisse und Kommunikationen wechseln hin und her und bereichern sich gegenseitig. Und schließlich beinhaltet das „Zum", wie immer wieder erwähnt, eine Richtung, das Ende mit Richtung versehen. Vielleicht leuchtet das Ziel auch erst am Ende auf, vielleicht bleibt es auch unsicher und fragwürdig. Unter dieser letzten Betrachtungsweise wäre Leben in seiner Gesamtheit schließlich mehr unsinnig als sinnvoll und zielgerichtet. Aber wie ist es denn wirklich? Was gilt denn nun am Ende oder zum Ende? Aus unserem menschlichen Leben und seinen Erkenntnissen, aus dem täglichen Lebensvollzug her gesehen, können wir das Leben in seiner Gesamtheit und seiner schicksalhaften Ausgestaltung nicht eindeutig bezüglich Wert, Sinn und Ziel zuordnen. Es ist unserem menschlichen Leben nicht gegeben, dieses Problem allgemeingültig für jedermann zu lösen. Mit anderen Worten ausgedrückt: *wir wissen es nicht!* Es übersteigt das menschliche Sein und den menschlichen Geist. Wir stehen also in dieser Frage ziemlich armselig, unklar und unsicher da! Und wir finden, bei immer wieder hastig vorgebrachten Überzeugungen, nicht die Lösung. Wir stehen zwar auf dem Weg zum Ziel, das Ziel sollen wir durch das „Zum“ erreichen, doch welches Ziel? An dieser Stelle sei an das berühmte Gedicht von Bert Brecht erinnert, welches die ganze Tragik der Zielsuche zusammenfasst. Das Gedicht trägt den Titel „Gegen Verführung“ und lautet:

Laßt euch nicht verführen!
Es gibt keine Wiederkehr.
Der Tag steht in den Türen;
Ihr könnt schon Nachtwind spüren:
Es kommt kein Morgen mehr.

Laßt euch nicht betrügen!
Das Leben wenig ist.
Schlürft es in schnellen Zügen!
Es wird euch nicht genügen
Wenn ihr es lassen müßt.

Laßt euch nicht vertrösten!
Ihr habt nicht zu viel Zeit!
Laßt Moder den Erlösten!
Das Leben ist am größten:
Es steht nicht mehr bereit.

Laßt euch nicht verführen
Zu Fron und Ausgezehr!
Was kann euch Angst noch rühren?
Ihr sterbt mit allen Tieren
Und es kommt nichts nachher.

Ja, das ist eine gedankliche Option, mehr können wir nicht sagen, denn wir wissen es ja nicht. Doch das Nichtwissen darf uns nicht davon abhalten vom Nachdenken, vom Erwägen, von Wahrscheinlichkeiten und dem Fortdenken von Lebensgrundsätzen. Entspricht trotz allem Ernst und aller Würde das Brecht'sche Gedicht zwingend dem logischen Denken des Menschen? Ist die Logik des Nichts der einzige Ausweg, das Ziel menschlichen Lebens, menschlichen Leidens, der erlittenen Ungerechtigkeit, auch des menschlichen Lebens in all seinem Glück und all seinen Freuden? Wieder können wir allgemein nur sagen: *„Wir wissen es nicht!"*

Der bekannte Theologe Hans Küng hat in einem seiner zahlreichen Werke jenes Gedicht mit nur wenigen Buchstaben geändert, und es bekommt einen anderen Sinn, das Ziel ist anders. Dann lautet es:

Laßt euch nicht verführen!
Es gibt eine Wiederkehr.
Der Tag steht in den Türen;
Ihr könnt schon Nachtwind spüren:
Es komm ein Morgen mehr.

Laßt euch nicht betrügen!
Das Leben wenig ist.
Schlürft nicht in schnellen Zügen!
Es wird euch nicht genügen
Wenn ihr es lassen müßt!

Laßt euch nicht vertrösten!
Ihr habt nicht zu viel Zeit!
Faßt Moder die Erlösten?
Das Leben ist am größten:
Es steht noch mehr bereit.

Laßt euch nicht verführen
Zu Fron und Ausgezehr!
Was kann euch Angst noch rühren?
Ihr sterbt nicht mit den Tieren
Es kommt kein Nichts nachher.

Mit diesem Gedicht in seiner Urform und in seiner geringen Abänderung sind die Zielfahnen gesteckt. Diese beiden Möglichkeiten werden angesteuert auf der Zielfahrt des Menschen zum Ende. Wo wird der Mensch ankommen? Eine dramatische Denkarbeit beginnt und führt hoffentlich zum Ziel, durch das Ziel. Mit *„wir wissen es nicht"* oder *„alles ist offen"* sind die meisten Menschen nicht zufrieden. Sie streben und sehnen sich nach Eindeutigkeit. Wo ist sie?

IV. Frage nach den „letzten Dingen“ oder über Eschatologie und Eschatolalie

Mit „wir wissen es nicht“, „wir können es nicht wissen“, haben wir das letzte Kapitel beendet. Und im neuen Kapitel müssen wir diese Behauptung erneut aufnehmen, dürfen aber fragen: „stimmt das wirklich?“ Wissen wir es wirklich nicht und können wir es wirklich nicht wissen?

Diese im Leben und besonders an dessen Ende wichtige Frage können wir in der Tat mit unseren Möglichkeiten, mit unserem Geist, mit unseren Erkenntnissen und Forschungen nicht befriedigend lösen oder gar mit menschlichem Intellekt und seinen Möglichkeiten beweisen. Wir können keinen wissenschaftlichen Beweis führen, der dadurch gekennzeichnet ist, dass viele Menschen gedanklich-methodisch zu demselben Ergebnis kommen und das zu Beweisende beliebig wiederholbar ist. Dieser wichtige Beweisweg ist mit dem Erreichen des menschlichen Endes auch beendet. Wir stehen dann vor einer geistigen Mauer. Doch bleibt zu bedenken: Bedeutet die Unlösbarkeit eines Problems, einer Fragestellung, bedeutet die Tatsache, dass wir vor Unlösbarem stehen und nicht wissen, auch letztendlich, dass das Problem unlösbar ist und die Mauer unüberwindbar bleibt? Aus unserem menschlichen Denken und unserer Erfahrung können wir die Frage eher mit „nein“ beantworten, also: die Mauer bleibt *überwindbar*, das unlösbar scheinende Problem ist *lösbar*. Eine solche Schlussfolgerung entspringt unserem Geist, unserem Denken, unserer Sehnsucht und ist auch durchaus *logisch*. Doch allein mit der Aussicht auf „Lösbarkeit“ und „Überwindbarkeit“ sind wir in der Sache an sich noch nicht weitergekommen, lediglich der erste Schritt ist getan, weitere müssen folgen. Aber auf welchem Gelände bewegen wir uns jetzt? Wir befinden uns auf dem Weg der Erfahrbarkeit außerhalb unserer menschlichen Erfahrungswelt, wir könnten das andere auch, wenn wir verschiedene geistige Ebenen annehmen, eine höhere Ebene nennen als die, auf der unser menschlicher Lebenslauf geführt wird. Also müssten wir am Übergang oder an diesem endgültigen Ende den durchaus logisch begründeten Mut haben, diese andere, höhere, unserer Verfügung und Bestimmung entzogene Ebene zu sehen und mit ihr als einer dennoch vorhandenen Wirklichkeit rechnen. Denn es würde wohl auch den Gesetzen der menschlichen Logik widersprechen, würden wir daraus schließen, dass es eben eine solche Wirklichkeit der anderen Ebene nicht gäbe. Eines ist in dieser Logik dennoch sicher: mit den Gesetzen der menschlichen Vernunft, des Wissens und der Wissenschaft ist die „andere Wirklichkeit“ nicht zu fassen und zu beweisen. Das kann auch nicht sein: denn wäre eine Beweisführung möglich, dann wäre die andere Bezugsebene eben wieder nicht anders. Insofern haben wir, wie so oft vertreten, in der Logik der Vernunft und der Aufklärung nicht den Beweis des Gegenteils, eher einen solchen *für* diese neue, andere Realität. Es ist also nicht nur menschliche Sehnsucht, sondern logische Notwendigkeit, jene neue und andere Realität, jene Ebene über uns, anzunehmen.

Daneben ist diese „neue Wirklichkeit" im Menschsein, im menschlichen Leben, in den Kulturen und ihren Entwicklungen eine immanent vorhandene Erwartung. Es besteht eine Erwartung und Sehnsucht danach, dass mit dem physischen Ende eben nicht das Ende des „Wesens Mensch" oder des „Wesens Kreatur" verbunden ist. Sicherlich sind Sehnsüchte immer subjektiv und entziehen sich wissenschaftlichen Begründungen, dennoch treffen sich hier Sehnsucht und Logik. Das bedeutet, dass die menschliche Sehnsucht sich der Logik der Wahrscheinlichkeit bedienen und die existentielle Grenzsituation die neue und andere Wirklichkeit nicht als Illusion abtun darf. Denn Grenzsituationen und Existenzielles jenseits der Grenze als illusionäres Wunschdenken zu bezeichnen, bedeutete Überwertung des erlebbar Seienden und Unterwertung des schier unvorstellbaren Zukünftigen. Die Grenzsituation ruft nach anderen, neuen Bindungen und Verbindungen, womit zwangsläufig und logisch das gemeint sein muss, was wir Religion nennen. Und bei deren Vielzahl sei eine Religion hier bevorzugt genannt, und zwar die *christliche Religion*. Wir dürfen also die christliche Religion fragen nach deren Deutungen und Möglichkeiten am menschlichen Lebensziel, am Übergang zur anderen, höheren Wirklichkeit. Und sie hat uns ungeheuerlich vieles dazu zu sagen und überzeugend darzustellen. In der christlichen Theologie wurde dabei der Begriff *Eschatologie* geprägt. Dieses Wort stammt aus der griechischen Sprache und setzt sich aus zwei Teilen zusammen, nämlich aus eschatos = das Äußerste und logos = Lehre. Es bedeutet also die Abhandlung über die letzten Dinge, somit alles, was Beziehung zum Ende des individuellen Menschen und der ganzen Menschheit hat. So wird auch die Lehre der Kirche, die Dogmatik, immer mehr im Lichte der Eschatologie gesehen. Diese wichtige dogmatische Lehre, wichtig eben an der Stelle, die die Grenze des Übergangs darstellt, ist auch im Leben eines jeden Menschen bedeutungsvoll. Der lebenswichtigen Bedeutung kann man nur gerecht werden, wenn diese Lehre vermehrt Eingang findet in die Verkündigung, in Predigt und Rede des einzelnen Christen. Und deshalb soll hier zum Begriff der Eschatologie ein weiterer ergänzend hinzugefügt werden, nämlich der der *Eschatolalie*. Wieder ist dieses Wort zusammengesetzt aus zwei griechischen Bestandteilen, nämlich wieder aus eschatos = Äußerstes und als zweiten Teil aus lalia = Rede, also die Rede von den letzten Dingen. Absichtlich soll der Eschatolalie das Wort geredet werden, wenngleich Rede immer die Folge des vorausgehenden Denkens sein soll. Bedingung für eine Eschatolalie ist also die Eschatologie. Die letzten Dinge also, ein Brückenschlag zwischen Leben und Danach, vielleicht Leben im Danach, vielleicht auch das Danach schon im gelebten Leben. Alle diese Möglichkeiten lassen sich logischerweise aus dem natürlichen Ende des Lebens, aus der Lehre um das Äußerste, Letzte und Endgültige ableiten. Und daraus könnte ein Brückenbau erfolgen, eine begehbare Brücke, weil deren Fundamente geistig tief gegründet, weil sie logisch, vernünftig und damit zumindest wahrscheinlich sind. In den Kreis der Logik sind alle einbezogen, auch jene Menschen, die allein auf Rationalität bauen. Doch, was ist denn ein „rationaler Mensch"? Rational sein ist ein Prädikat, das wir gerne für uns beanspruchen, kann es doch zumindest nicht falsch und deshalb erstrebenswert sein. Der Kölner Forscher Axel Ockfels definiert den rationalen Menschen wie folgt: „Er weiß immer, was er will, hat unbeschränkte Rechenkapazitäten und kann alle Informationen richtig verarbeiten. Er kann optimal entscheiden." Doch trifft diese Definition wirklich zu, hat sie alle Seiten des Wesens „Mensch" berücksichtigt, nicht nur die volle Funktionsfähigkeit, sondern auch die Defizite, den Verlust an Funktionen und den möglicherweise damit verbundenen Gewinn an Einsichten, Erkenntnissen, die in die zweite Ebene hineinreichen und die eine innere Zufriedenheit und Versöhnung erreichen lassen? Auch der „rationale Mensch" unserer Zeit ist hoffentlich mehr als die genannte Definition, denn zur Rationalität gehört auf jeden Fall auch die Frage nach dem Äußersten, nach dem Letzten, nach dem Ende und dem Danach. Und deshalb muss sich auch der Mensch, in seiner Art ein homo oeconomicus, aus Gründen der Seins-Logik damit befassen, mit der

Eschatologie und der Eschatolalie. Logik und Rationalität sind also keine Gründe, die dagegen sprechen, gegen die andere Ebene, deren Realität und Rationalität.

Die Schwierigkeit im Umgang damit ist allerdings die eingeschränkte „Verfügungsgewalt" der Menschen über diese zweite Ebene, über diese neue Realität, die wirkliche Wirklichkeit. Hier ist der Mensch, entgegen seinen heutigen Vorstellungen und Haltungen, in seinen Aktionen eingeschränkt, hier ist er weniger Handelnder, Akteur, vielmehr Empfangender, Beschenkter, umfassend Angenommener. Wesen und Wirkung dieser höheren Wirklichkeit vollzieht sich also nicht als Wirkkraft vom Menschen aus, vielmehr als solche zum Menschen hin. Hier also wird der Mensch nicht zum Erzeuger, zum Macher, einem „homo faber", zum Bewirker und Veränderer, nein er darf zum Empfänger werden, insbesondere auch zum Empfänger geistlicher Gaben, deren Erreichen ihm unter seinen Bedingungen eben nicht möglich war. Es ist also eine neue, bisher unbekannte Kraft, die uns entgegen strömt, die uns hineinnimmt in das Neue, Bleibende, Ewige, in eine neue Existenz. In dieser Phase des Übergangs ist eine wesentliche Veränderung eingetreten: im bisherigen Leben gingen die Aktionen, die Strebungen, das Handeln vom Menschen aus. Diese Handlungs- oder Aktionsrichtung hat sich zum Ende hin geändert. Handlungen, Aktionen, Zukunftschancen kommen jetzt auf den Menschen zu, durchaus erkennbar, real und erlebbar. Betrachten wir also *„das Ende“, „den Übergang“* die „*Eschatologie*“ als eine zum Neuen gehörende Welt außerhalb unserer bisher erlebbaren Realität, die jetzt auf uns zukommt. Wie lässt sich diese Welt beschreiben, wie fassen, wie einordnen in unser Leben schon jetzt, wie rechtfertigen und wie als neue Realität erfahren?

Auch die letzte existentielle Frage lässt eine Antwort zu, allerdings eine Antwort aus der anderen Richtung, d.h. nicht die Möglichkeiten des menschlichen Lebens sondern die Realität der zweiten Ebene, die wirkliche Wirklichkeit, gibt eine Antwort. Vergleichen könnte man diese Richtungsbestimmung mit einem Lichtstrahl, jetzt nicht vom Menschen ausgesandt, von seinen Möglichkeiten entwickelt, vielmehr vom Menschen empfangend, entstanden aber in der anderen Wirklichkeit. Somit wäre an der Stelle des Endes des Lebens eine Einflussnahme der zweiten Ebene möglich, der am Ende stehende Mensch also der Empfänger einer neuen Seinsmöglichkeit. Aber auf welche Weise vermittelt sich die neue Realität? Das Mittel ihrer Gewisswerdung können wir mit dem meist missverstandenen Begriff „Glauben“ bezeichnen. In den Religionen spielt „Glaube“ eine zentrale Rolle. Auch in der christlichen Religion. Leider ist in der deutschen Sprache „Glauben“ und „Glaube“ vieldeutig. Und die Vielschichtigkeit dieses Begriffes bringt denn auch ein geistiges Durcheinander zustande, das dem Sinn und dem Begriff „Glauben“ nicht gerecht wird. Abstrus ist die Deutung, dass Glaube so viel sei wie „nicht wissen“. Es mag in der täglichen Umgangssprache richtig sein, wenn wir unsere Zweifel oder unser Nichtwissen mit der Bemerkung versehen „ich glaube, dass….“. Im Bereich der Eschatologie allerdings, auch im Bereich von Religion und Theologie, ist „Glaube“ etwas vollkommen anderes. Es gilt Abschied zu nehmen von der Vorstellung, Glaube habe zu tun mit einer Annahme, mit Ungesichertem, Fragwürdigem, er sei gar das Gegenteil von Wissen, Logik, Vernunft und beweisgeführter Eindeutigkeit. Als wollte Glaube die Gesetze der Natur aus den Angeln heben. Derartiges zu vertreten, hieße das geistige Anliegen nicht verstanden zu haben. Es gibt dann keine Annäherung und keinen Dialog. Und Dialog ist notwendig, er ist aber auch möglich, und zwar deshalb, weil „Glaube“ vollkommen anders zu definieren ist. Wir haben es beim Glauben mit einem *Verhältnis* zu tun und mit einer *Beziehung*. Und „Beziehung“ ist wieder ein etwas schillerndes Wort. Es soll heißen, dass der Mensch einen Bezugspunkt hat, auf den er ausgerichtet ist und sich ausrichten lässt. Es handelt sich also um eine Art geistige Energie zwischen zwei Polen: der eine Pol ist Gott, der andere Pol der Mensch. Zwischen beiden besteht ein Kraftfeld, ein „geistiger Magnetismus“, nicht sichtbar oder beweisbar, aber *erkennbar*. Das meint „Beziehung“, sicherlich nicht eine Gunst, die der Mensch aufgrund einer eventuellen edlen Gesinnung oder bei entsprechendem Tun hat. Und aus einer solchen oder mit einer solchen Beziehung entsteht gleichzeitig ein *Verhältnis*, eine Ebene des Vertrauten, der

Hingabe, der Erkenntnis, der Liebe, der Freude und des Lebens. Ja, daraus wird ein echtes Lebensverhältnis. Einiges zu den Bausteinen dieses *beziehungsreichen Verhältnisses: Hingabe* bedeutet vertrauensvolles Wissen über die Richtigkeit meines Verhaltens, ein auch bei Zweifeln dennoch unanfechtbares Grundverhältnis. Es ist nicht zerstörbar, sofern der Mensch in diesem Kraftfeld bleibt. Mit der Hingabe entsteht auch die Überzeugung von der unanfechtbaren Richtigkeit dieser Beziehung. Sie bringt zusätzlich dem Leben Freude, bleibende Freude, auch in Wirren und Nöten. Und schließlich dient das Verhältnis dem Leben, weil es auf der Grundlage der Liebe menschliche Gemeinschaft ermöglicht und fördert. Warum aber ist der Glaube als ein Beziehungsverhältnis so fest und unanfechtbar? Allein menschliches Wohlverhalten gibt dafür keine Gewähr. Aber weil auf der anderen Seite des Beziehungsverhältnisses Gott steht, deshalb kann sich der Mensch auf jeden Fall darauf verlassen. Doch diese letzte Aussage könnte auch als eine Art Behauptung ohne die nötige geistige Sicherheit gesehen werden. Sie ist aber dennoch richtig, weil diese von Gott geschaffene Richtigkeit *erfahrbar* für den Menschen wird. Die Erfahrbarkeit ist gleichsam das Zwiegespräch Gottes mit den Menschen, aus dem für den Menschen die innere Sicherheit entstehen kann. Dann wird aus Glauben *Gewissheit*. Die Gewissheit aus dem Beziehungsverhältnis zu Gott (=Glaube) ist unanfechtbar, unantastbar, lebendig, steht unter der Gewährleistung jener anfangs genannten höheren Ebene, der wirklichen Wirklichkeit, Gott selbst.

Diesen Beziehungsbeweis zu führen, ist zwar schwer, aber möglich und in seiner Realität durchaus einsehbar und logisch. Es braucht also bisher weder Verstand, noch Logik, noch Wissenschaft, insbesondere Naturwissenschaft, beiseite gelegt zu werden, um „Glaube“ richtig zu erfahren und zu leben. Vielmehr ist eine Einheit beider Ebenen durchaus möglich, zumindest ein Widerspruch nicht wirklich. Es kommt also im Wesentlichen im menschlichen Leben, in einer menschlichen Gesellschaft, auf den Bezug, das Beziehungsverhältnis an. Dieses Beziehungsverhältnis ist es wieder, wenn es um die Glaubwürdigkeit und Logik dessen geht, was dem Leben auf unserer Erde folgt. Das Beziehungsverhältnis Gott zum Menschen lässt auch für die neue Zukunft Klarheit und Gewissheit im Menschen entstehen. Also, es handelt sich um alles andere als vage Spekulationen, Annahmen oder Projektionen. Trotzdem sind solche Einwendungen häufig.

Wie aber können wir uns schemenhaft die Zukunft bei Gott vorstellen? Gibt uns die Eschatologie Hilfe und die Theologie und Gottes Wort (=Bibel) Hinweise für den ewigen Bestand des Lebens auf jener höheren Ebene, der wirklichen Wirklichkeit?

Mit unserer Vorstellung von Gott ist als göttliche Eigenschaft anzunehmen: Allmacht, Weisheit, Liebe, Gerechtigkeit, Freude, unbegrenztes Leben, Leben auf jener anderen Ebene. Wenn die

Verbindung Gott zum Menschen und des Menschen zu Gott im Glauben geschieht, dann ist der Glaube der Weg zu Gott. Mit dem Glauben tritt der Mensch in eine Verbindung zu Gott, nachdem Gott diese Verbindung bereits geschaffen hat. In diesem Beziehungsverhältnis, dem Glauben, nimmt der Mensch dann auch teil an Gottes Leben, also den Eigenschaften Gottes, zu denen für diese Betrachtung insbesondere das Leben gehört, unbegrenztes Leben, also das, was wir gerne als Ewigkeit bezeichnen; besser wäre die Kennzeichnung „unbegrenztes Leben bei Gott". Gott hat also ein Verhältnis, eine Beziehung zum Menschen und der Mensch hat ein Verhältnis, eine Beziehung zu Gott. Dieses zweiseitige Beziehungsverhältnis ist Grundlage des menschlichen Glaubens und Seins. Rechtverhältnisse im menschlichen Leben sind anfechtbar und aufhebbar. Das Beziehungsverhältnis zu Gott aber ist unantastbar, unanfechtbar, beständig verlässlich, unzerstörbar. Keine denkbare Kraft oder Macht kann sie zerstören. Die Selbstverpflichtung Gottes für den Menschen zu zerstören, hieße mächtiger zu sein als Gott und wäre daher ein fundamentaler Widerspruch zum Wesen Gottes. Gott selbst also hält die Beziehung zum Menschen aufrecht, so wie es im Alten Testament der Bibel zu finden ist in Jesaia 43,1: *„So spricht der Herr: Fürchte dich nicht, ich habe dich erlöst. Ich habe dich bei deinem Namen gerufen. Du bist mein."* Dieser göttliche Zuspruch trifft den Menschen in seiner Gesamtheit, in seiner ganzen Lebensgeschichte. Er beinhaltet keine Trennung von Leib und Seele, vielmehr die Ganzheit des Menschen mit seinem Leben, seinem Erleben, mit Leistungen und Versäumnissen, mit Schuld und Übel, mit Bosheit und Versagen, mit Gut und Böse. Nichts, aber auch gar nichts am Menschen ist wertlos und muss gleichsam abgeschnitten werden. Der ganze Mensch bleibt in seiner Gottesbeziehung. Ein wichtiges Zeichen dieser Gottesbeziehung aber ist Leben! So steht denn wiederum in der Bibel, und zwar im Neuen Testament in Markus 12, 27 „*Gott ist nicht ein Gott der Toten, sondern der Lebenden.*" In dieses Leben ist der Mensch am Ende seines Lebens hineingenommen. Und weil am Ende des irdischen Lebens dieses göttliche Leben beginnt, können wir es auch als neues Leben bezeichnen. Dieses neue Leben hat ein göttliches Kennzeichen, nämlich seine Unbegrenztheit. Als unbegrenztes, ewiges Leben geht es somit keinem Ende entgegen. Es ist wahrhaft göttlich, denn etwas aus sich heraus beginnen und nicht enden lassen, das sind mit unseren Worten beschriebene göttliche Eigenschaften. Am Ende unseres Lebens nehmen wir also teil am göttlichen Sein. Dabei werden wir nicht einmal gefragt, ob wir das wollen oder nicht. Gott spricht in dieser Situation einen jeden Menschen bedingungslos an und verleiht ihm das Wesen der Göttlichkeit erneut und jetzt endgültig. Es geschieht ein neuer Anfang! Ein Ende wird nicht mehr kommen. Daher ein Anfang ohne Ende! Wir Menschen werden also am Ende, und das lehrt tatsächlich die Eschatologie, zu beglückten Anfängern.

Die Lebensentwicklung zum Ende könnten wir auch nennen eine Lebensentwicklung zum neuen Anfang. Wenn uns im gedanklichen Vollzug dieses Geschehens Probleme entstehen, mag es möglich sein, der logische Ablauf ist allerdings dadurch nicht gestört. Deshalb gilt es, in der Eschatologie weiter zu denken und den gedanklichen Austausch im Reden darüber zu pflegen. Dann wird aus der Eschatologie die *Eschatolalie*, die Rede zum Leben und vom Leben. In der christlichen Religion und im Glauben ist Gott in Jesus Christus die Gewähr für eine solche Entwicklung. Eschatologie und Eschatolalie im beschriebenen Glaubensverhältnis lassen uns verbleiben in der Realität, in der Rationalität, in der Logik und in den wissenschaftlichen Erkenntnissen. Nur eines ist und wird als Voraussetzung unabdingbar, und zwar die Hingabe an die neue Wirklichkeit, an die wirkliche Wirklichkeit, für die wir in der christlichen Religion die Dreieinigkeit nennen können, also Gott, Jesus Christus und Heiliger Geist. Damit ändert sich das Leben in seinen physiologischen und pathologischen Abläufen nicht! Damit aber bleibt Leben unzerstörbar und das Ende wird zum Anfang ohne Ende. Das aber nennen wir *„ewiges Leben"*.

Printed by Books on Demand GmbH, Norderstedt / Germany